DELIUS KLASING

RACHEL SALT

Wie Du Deinen
Plastic Footprint
reduzieren
kannst

RAUS AUS DER
PLASTIKFALLE

AUS DEM ENGLISCHEN
VON JUTTA ORTH UND DÖRTE FUCHS

Delius Klasing Verlag

Für Cameron

Inhalt

Einleitung

Wissen Sie, wie viel Plastik Sie täglich wegwerfen? Nein? Oder jährlich? Oder in Ihrem ganzen Leben? Wahrscheinlich wissen Sie es nicht. Und das muss Ihnen auch nicht unangenehm sein. Obwohl Plastik ein unglaubliches Material ist – stark, flexibel und preiswert – werfen wir es oft in den Müll, ohne groß darüber nachzudenken. Doch all die Bonbonverpackungen, Wasserflaschen, T-Shirts aus Polyester (ja, unsere Kleidung besteht zu mehr als 60 Prozent aus Kunstfasern) summieren sich mit der Zeit. Im Durchschnitt werden in Deutschland täglich 1,3 Kilogramm Abfall produziert, 8 Prozent davon entfallen auf Kunststoffe. Hochgerechnet auf Deutschland sind das also 8.975.342 Kilogramm Plastikmüll – an einem einzigen Tag.

Die Auswirkungen sind immens, denn der Plastikabfall sammelt sich in unseren Flüssen und erstickt das Leben in den Meeren. Jahr für Jahr gelangen 8 Millionen Tonnen Plastik in die Ozeane. Das entspricht der Menge von mehr als einem Dutzend mit Plastikmüll gefüllten Einkaufstüten pro Meter Küste. Dass die Verwendung von Plastik so viel Müll erzeugt, ist jedoch nicht das einzige Problem. Auch die Plastikherstellung ist mit Belastungen für Mensch und Umwelt verbunden. Aus diesem Grund geht es in diesem Buch nicht nur um den Plastikmüll, sondern auch um die bei der Kunststoffproduktion entstehenden CO_2-Emissionen und die negativen Auswirkungen von Plastik auf die menschliche Gesundheit.

Sie werden auf den folgenden Seiten einige erschreckende Zahlen und Bilder finden, doch dieses Buch hat nicht das Ziel, Sie betroffen zurückzulassen. Es ist vielmehr ein Aufruf zum Handeln, und es zeigt Ihnen, wie Sie Ihren Plastikkonsum analysieren und dann reduzieren können. Wenn Sie das Wachstum Ihres ganz persönlichen Plastikbergs berechnen können – von den Gegenständen, die Sie über lange Zeit begleiten, wie ein Auto oder ein geliebtes Spielzeug, bis hin zu Einwegartikeln, die nach Gebrauch umgehend im Müll landen, wie Coffee-to-go-Becher –, können Sie Ihren Plastikkonsum mit gezielten Maßnahmen verringern.

Dieses Buch, ursprünglich in Kanada erschienen, bezieht sich oftmals auf amerikanische Hintergründe, wurde aber wo möglich an deutsche Gegebenheiten angepasst. Es möchte Ihnen Ideen und Ressourcen zur Verfügung stellen, die Sie benötigen, um sich auch jenseits des privaten Umfelds zu engagieren. Es nimmt die bestehenden Systeme unter die Lupe und vermittelt Ihnen ein besseres Verständnis für die Vor- und Nachteile der vorgeschlagenen Lösungen für das Plastikproblem.

Der Plastik-Fußabdruck

Der Plastik-Fußabdruck ist eine Kennzahl zur Bestimmung der Plastikmenge, mit der der eigene Lebensstil derzeit zum globalen Müllberg beiträgt – vergleichbar mit dem CO_2-Fußabdruck, nur dass es beim Plastik-Fußabdruck um alle Plastikprodukte geht, die man im Lauf seines Lebens erwirbt, benutzt und irgendwann wegwirft.

Im Allgemeinen wird der Plastik-Fußabdruck durch ein sogenanntes Plastikmüll-Audit gemessen (am Ende der Kapitel 4 und 5 finden Sie mehr dazu). Dabei handelt es sich um eine Auflistung aller Plastikprodukte, die die betreffende Person innerhalb einer bestimmten Zeitspanne wegwirft. Das beinhaltet sowohl Gegenstände, die über einen längeren Zeitraum verwendet werden, wie z. B. Laptops, als auch Verpackungen und Einwegartikel, die oft nur wenige Minuten benutzt werden. Mithilfe dieser Liste können Sie herausfinden, wie viel Plastikmüll Sie innerhalb eines Jahres oder in Ihrem gesamten Leben verursachen.

Sie werden feststellen, dass es nicht einfach ist, den eigenen Plastik-Fußabdruck zu messen. Viele Ihrer Zahlen werden Schätzwerte sein, die auf der Basis Ihres momentanen Plastikverbrauchs gewonnen werden. Das Ergebnis bildet also womöglich nicht die Phasen in Ihrem Leben ab, in denen Sie weniger (oder mehr) Plastik verwendet haben, aber das Ziel der Übung besteht ja darin, ein allgemeines Bild von Ihrem Plastikverbrauch zu erhalten.

Darum sollten Sie Ihren Fußabdruck messen

Was man nicht misst, kann man auch nicht bewusst beeinflussen. Dieses Buch zeigt Ihnen, wie Sie Ihren Plastikverbrauch ermitteln können, und erklärt, wie sich Ihr persönlicher Plastik-Fußabdruck verkleinern lässt. So kann die Beschäftigung mit dem, was Tag für Tag in unserem Müll landet, zum Anstoß werden, unsere Konsumentscheidungen und unser Wegwerfverhalten zu überdenken.

Plastik-Einmaleins

Kunststoffe sind unserem Alltag so allgegenwärtig, dass wir uns eine plastikfreie Welt nur schwer vorstellen können. Dabei gibt es Plastik erst seit verhältnismäßig kurzer Zeit. Doch wann genau wurde es erfunden? Und was genau ist Plastik eigentlich? Dieses Kapitel ist eine Art Crashkurs, in dem Sie alles über die Ursprünge dieser einzigartigen Erfindung erfahren.

Die Geschichte des Plastiks

In den letzten 60 Jahren hat die Massenproduktion von Kunststoffen rasant zugenommen, doch ihre Anfänge liegen schon über 150 Jahre zurück.

Billardkugeln

Der Beginn der Plastikherstellung hat überraschenderweise mit Billardkugeln zu tun. Ohne diese hätten wir moderne synthetische Kunststoffe vielleicht nie kennengelernt. (Pool-)Billard war einst eine äußerst beliebte Freizeitaktivität. Mitte des 19. Jahrhunderts gab es allein in Chicago 830 Billardhallen (heute gibt es schätzungsweise weniger als 1.400 in den gesamten Vereinigten Staaten). Damals wurden Billardkugeln aus Elfenbein hergestellt, das aus den Stoßzähnen von Elefanten stammte. Aus einem Stoßzahn konnten im Schnitt gerade einmal drei Kugeln hergestellt werden, was den Tod vieler

Das Ölfeld Kern River in Bakersfield, Kalifornien. Die weitaus meisten Kunststoffe werden aus fossilen Brennstoffen wie z. B. Erdöl hergestellt.

Elefanten zur Folge hatte. Mit der steigenden Nachfrage nach Elfenbein wuchs die Sorge, dass die Elefanten binnen Kurzem aussterben könnten, und die Betreiber der Billardhallen befürchteten, dass ihnen die Kugeln ausgehen würden. Aus diesem Grund schaltete Michael Phelan, der als Vater des amerikanischen Billards gilt, 1863 eine Zeitungsanzeige, in der er demjenigen, dem es gelingen würde, eine geeignete Elfenbein-Alternative zu finden, 10.000 Dollar versprach (heute entspräche das einer Summe von 3 Millionen Dollar).

Der Amateur-Erfinder John Wesley Hyatt nahm die Herausforderung an und entwickelte ein völlig neues Material, das er Zelluloid nannte. Es wurde aus der Zellulose von Baumwolle synthetisiert und gilt als einer der ersten Kunststoffe. Bedauerlicherweise gewann Hyatt das Preisgeld nicht. Zelluloid eignete sich nicht besonders gut für die Herstellung von Billardkugeln, da ihm die Elastizität des Elfenbeins fehlte. Dennoch erwies sich das Material als vielseitig und fand in anderen Bereichen Verwendung, unter anderem für Kämme und Filme.

> Und was wurde aus den 10.000 Dollar, die Phelan als Belohnung ausgesetzt hatte? Es wurde nie ein Gewinner bekannt gegeben, und kein Erfinder erhielt den Preis. Heute werden die meisten Billardkugeln aus Polyesterharz oder Phenolharz hergestellt. Interessanterweise ist auch Bakelit ein Phenolharz.

Die Erfindung des Zelluloids wurde zur Inspiration für weitere Entwicklungen von Kunststoffen. Bakelit (1907 von Leo Baekeland erfunden) war der erste vollsynthetische Kunststoff, der aus fossilen Brennstoffen hergestellt wurde.

Kunststoffproduktion weltweit (1950–2015)

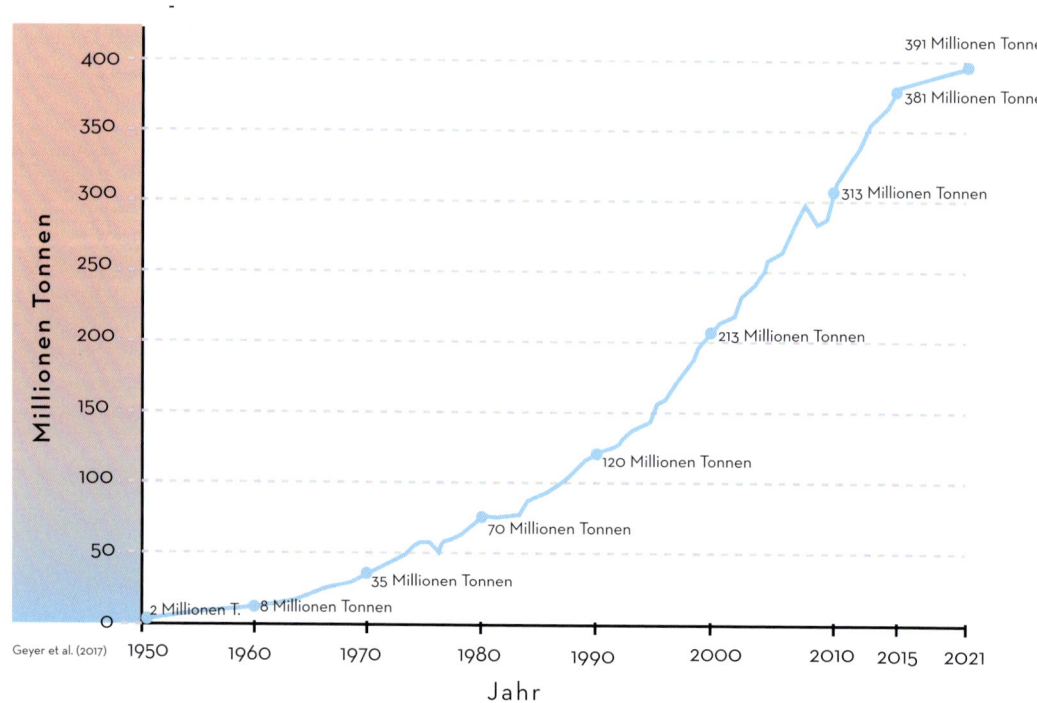

Der Zweite Weltkrieg

Während des Zweiten Weltkriegs galt es vorhandene Ressourcen zu schonen, daher wurden Stoffe wie Naturkautschuk und Seide rationiert. Daraus ergaben sich neue Chancen für synthetische Materialien.

Die Kunststoffproduktion stieg während des Krieges um 300 Prozent. Das Militär verwendete Kunststoffe für Fallschirme, Helmauskleidungen, Panzerfäuste und viele andere Zwecke. Sogar die Atombombe enthielt Kunststoff.

»Besser leben ... durch Chemie«

Der Krieg erleichterte die Erfindung und Herstellung diverser industrieller Kunststoffprodukte. Die darauffolgenden Jahrzehnte waren eine Ära des Massenkonsums. Der Werbeslogan des Chemiegiganten DuPont – »Bessere Dinge für ein besseres Leben ... durch Chemie« – kann als charakteristisch für diese Epoche gelten. Kunststoffe ermöglichten die Entwicklung unzähliger Produkte, die den modernen Menschen das Leben erleichtern sollten. Plastik war billig, hygienisch, leicht und galt als sicher. Vor allem aber ließ es sich in jede gewünschte Form bringen. Seit 1950 ist die Produktion dieses »Traummaterials« weltweit um das 190-Fache gestiegen. Im Jahr 2017 wurden allein in den USA über 32 Millionen Tonnen Plastik hergestellt. Aber woraus genau bestehen moderne Kunststoffe? Dieser Frage widmen wir uns im nächsten Abschnitt.

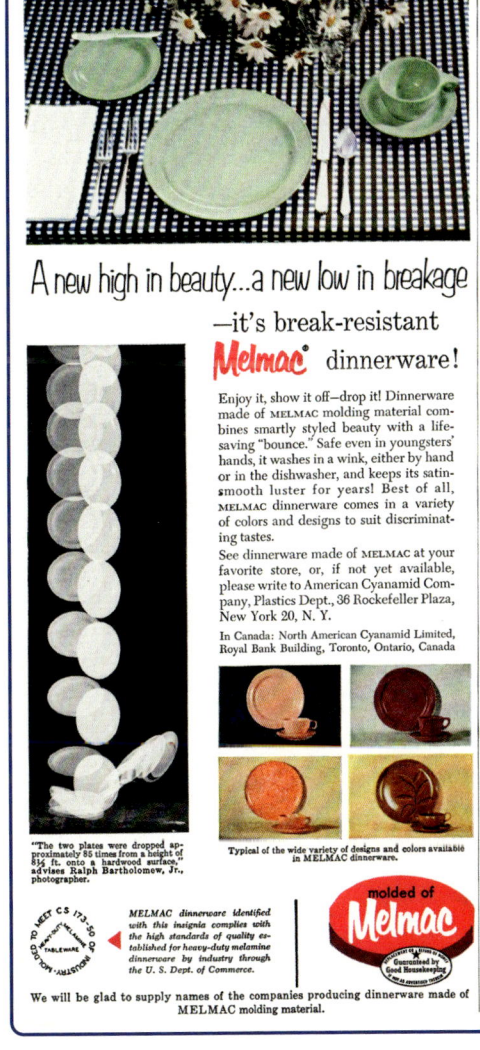

Diese Anzeige aus den 1950er-Jahren wirbt für die Langlebigkeit und Vielseitigkeit des Geschirrs der Marke Melmac, das aus Melaminharz hergestellt wurde.

Fossile Energieträger: Rohstoffe für die Plastikproduktion

Wussten Sie, dass 99 Prozent aller Kunststoffe aus fossilen Brennstoffen hergestellt werden? Obwohl das Interesse an Bioplastik (pflanzenbasierten Kunststoffen) wächst, wird der Großteil unserer Kunststoffe noch immer auf der Basis von Erdöl und Erdgas (und teilweise auch Kohle) erzeugt. Die fossile Industrie und die Kunststoffindustrie sind untrennbar miteinander verbunden. Um Plastik und seine Auswirkungen auf unseren Planeten zu verstehen, ist es daher wichtig, mehr über fossile Brennstoffe zu wissen: darüber, wie sie gewonnen, verarbeitet und rund um den Globus transportiert werden.

> Fossile Brennstoffe stammen nicht aus Fossilien, sondern sind Abbauprodukte vor Jahrmillionen abgestorbener Pflanzen und Tiere, die unter Sand- und Gesteinsschichten begraben liegen. Unter dem Druck und der Wärme des Gesteins bildeten sich Substanzen, die über Millionen von Jahren zu Erdgas, Erdöl und Kohle wurden.

Extraktion

Um fossile Energieträger wie Öl und Gas zu erschließen, sind Bohrungen erforderlich. Dabei bohren die Unternehmen nicht einfach irgendwo ein Loch, in der Erwartung, auf eine Öl- oder Gaslagerstätte zu stoßen. Vielmehr werden zunächst geologische Probebohrungen vorgenommen. Mit reflexionsseismischen Messungen (dabei werden Schallwellen erzeugt, deren Reflexion dann Informationen über die vorliegenden Gesteinsarten und -schichten und mögliche Gas- und Flüssigkeitsvorkommen im Untergrund liefert), Kernproben (Boden- und Gesteinsproben, die Aufschluss über mögliche Lagerstätten geben) und anderen Technologien kann dann geprüft werden, ob eine Erschließung lohnt. Solche Bohrungen können sowohl an Land als auch im Meeresboden mitten im Ozean erfolgen.

Ist eine Lagerstätte gefunden, wird mit einem Bohrer und einem Standrohr ein vertikales Loch in den Boden gebohrt. In manchen Fällen, z. B. wenn ein Öl- oder Gasvorkommen unter bewohntem Gebiet liegt, wird auch winkelig gebohrt. Anschließend wird eine sogenannte Bohrspülung in das Bohrloch gepumpt, um zerkleinertes Gestein – das sogenannte Bohrklein – zu entfernen. Hat das Bohrloch die gewünschte Größe und Tiefe erreicht, wird es einzementiert. Anschließend werden kleine Löcher, die sogenannte

---

Kann man Plastik auch aus Kohle herstellen?

Kurz gesagt: Ja. Es ist möglich, Kohle in die für die Kunststoffproduktion erforderlichen chemischen Substanzen umzuwandeln, aber dieser Prozess ist extrem energie-, wasser- und emissionsintensiv. Außerdem ist er recht kostspielig. Deshalb wird dieses Verfahren fast ausschließlich in China genutzt, das über Kohle im Überfluss verfügt.

Perforation, in die unteren Abschnitte der Verrohrung und des Ringraumzements gestanzt, damit das Rohöl oder Erdgas in das Bohrloch strömen kann.

Sogenanntes Schiefergas – in undurchlässigem Gestein gebundenes Erdgas – wird durch ein Verfahren erschlossen, das sich Fracking nennt. Dabei werden Wasser, Sand und verschiedene Chemikalien unter hohem Druck in das Gestein gepresst, um es aufzubrechen und das Gas zu extrahieren.

Erdöl

Im Jahr 2021 lag die weltweite Ölfördermenge im Schnitt bei fast 90 Millionen Barrel pro Tag. Von der geförderten Menge werden laut Weltwirtschaftsforum etwa 4 bis 8 Prozent für die Kunststoffproduktion genutzt – die Hälfte für die Produkte selbst, die andere Hälfte liefert die für die Herstellung benötigte Energie. Selbst wenn man den konservativeren Schätzwert von 4 Prozent zugrunde legt, bedeutet dies, dass weltweit täglich mindestens 3 Millionen Barrel Erdöl für die Kunststoffproduktion verbraucht werden.

> Ein Barrel (abgekürzt mit »bbl« oder »bl«) ist eine Volumeneinheit für Rohöl und andere Erdölprodukte. Ein Barrel entspricht rund 159 Litern.

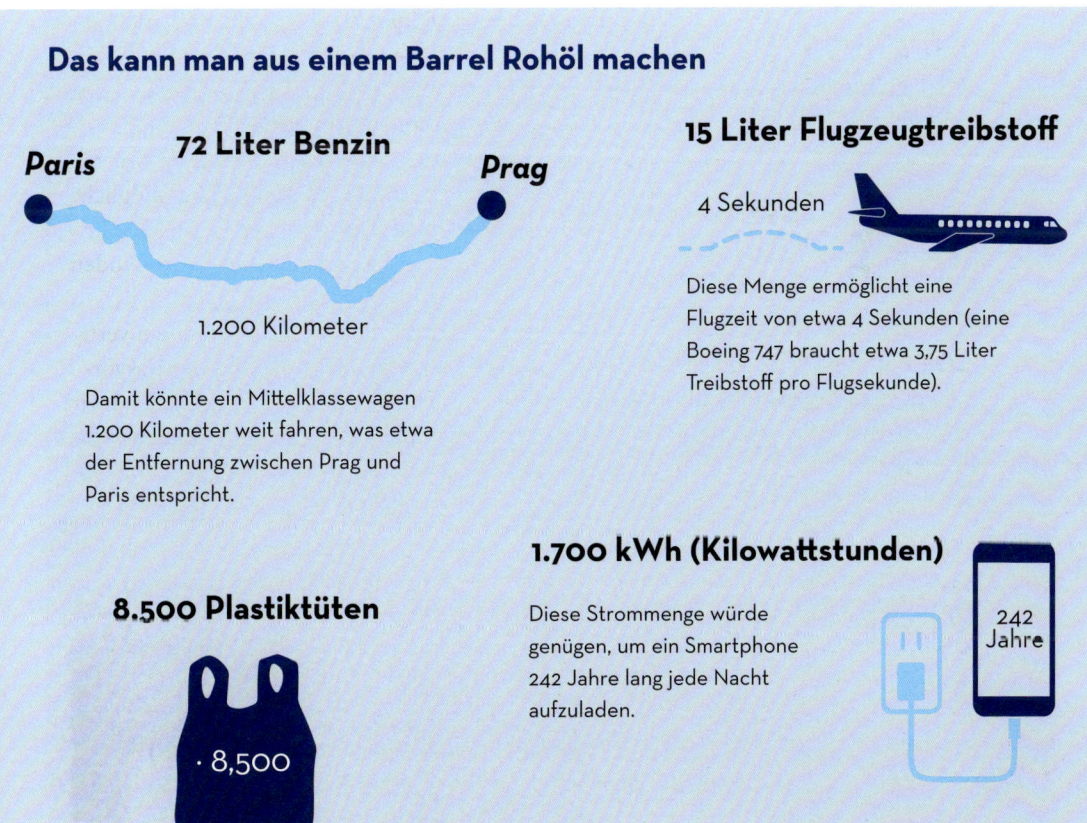

Das kann man aus einem Barrel Rohöl machen

72 Liter Benzin

Paris — Prag

1.200 Kilometer

Damit könnte ein Mittelklassewagen 1.200 Kilometer weit fahren, was etwa der Entfernung zwischen Prag und Paris entspricht.

8.500 Plastiktüten

· 8,500

15 Liter Flugzeugtreibstoff

4 Sekunden

Diese Menge ermöglicht eine Flugzeit von etwa 4 Sekunden (eine Boeing 747 braucht etwa 3,75 Liter Treibstoff pro Flugsekunde).

1.700 kWh (Kilowattstunden)

Diese Strommenge würde genügen, um ein Smartphone 242 Jahre lang jede Nacht aufzuladen.

242 Jahre

Erdgas

Weil Erdgas nicht flüssig ist wie Rohöl, wird es nicht in Barrel, sondern in Kubikmetern gemessen. Im Jahr 2021 wurden schätzungsweise 4,0 Billionen Kubikmeter Erdgas gefördert. Experten schätzen, dass 1,8 Prozent der Fördermenge für die Kunststoffproduktion genutzt werden. Mit anderen Worten: Pro Jahr werden 72 Milliarden Kubikmeter Erdgas für die Herstellung von Plastik verbraucht – das entspricht einem Volumen von rund 24 Millionen Heißluftballons.

Woraus genau besteht Erdgas? Erdgas ist ein Gasgemisch, das hauptsächlich aus Methan und zu einem geringen Anteil aus weiteren chemischen Verbindungen besteht. Die folgende Grafik zeigt die typische Zusammensetzung.

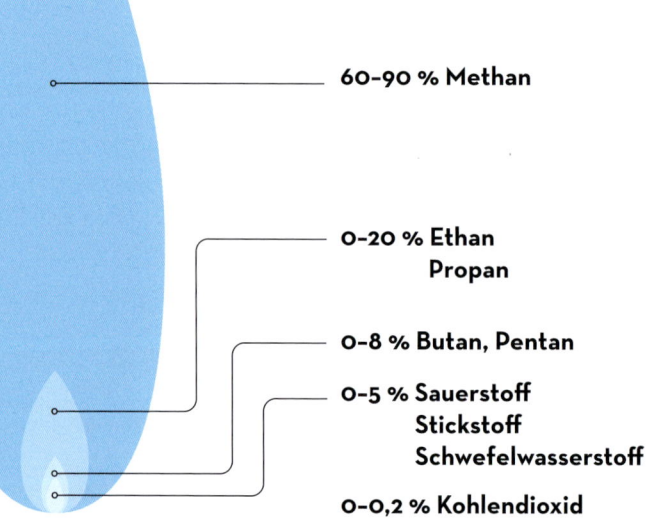

60–90 % Methan

0–20 % Ethan Propan

0–8 % Butan, Pentan

0–5 % Sauerstoff Stickstoff Schwefelwasserstoff

0–0,2 % Kohlendioxid

> Für die Plastikproduktion ist Ethan die wichtigste Erdgaskomponente. Dieses Gas wird durch »Steamcracken«, ein petrochemisches Verfahren (später mehr dazu), in Ethylen umgewandelt. Aus den Polymerketten des Ethylens entsteht Polyethylen, der meistverwendete Verpackungskunststoff.

Methan und Klimawandel

Methan (CH_4) ist ein einfach strukturiertes Molekül aus einem Kohlenstoffatom und vier Wasserstoffatomen. Außerdem ist es ein potentes Treibhausgas mit erheblichen Auswirkungen auf unser Klima. Methan hat einen größeren Einfluss auf die Erderwärmung als Kohlendioxid (CO_2). Tatsächlich nimmt es in den ersten zwei Jahrzehnten nach seiner Freisetzung in die Atmosphäre 84-mal so viel Wärme auf wie CO_2. Die Wissenschaft ging zunächst davon aus, dass der Großteil der Methanemissionen auf die Viehhaltung zurückgeht, insbesondere auf die Rülpser und Furze von Rindern (ja, ernsthaft). Obwohl Methan aus der Landwirtschaft nach wie vor als problematisch gilt, kommen neuere Forschungen zu dem Schluss, dass vor allem das Fracking für die steigenden Methanemissionen verantwortlich ist, die den Klimawandel beschleunigen.

Die rund 1.287 Kilometer lange Trans-Alaska-Pipeline transportiert Erdöl von der Prudhoe Bay im Norden Alaskas bis nach Valdez im Süden und durchquert dabei drei Gebirgszüge.

Transport

Erdöl und Erdgas werden nur in manchen Ländern und Regionen gefördert, aber überall in der Welt als Energiequellen und zur Herstellung von Produkten gebraucht. Wie werden diese Rohstoffe transportiert? Nun, im Wesentlichen auf vier verschiedene Arten: durch Pipelines und mit Schiffen, Güterzügen und Lastwagen.

Pipelines. Die Vereinigten Staaten verfügen über das größte Pipelinenetz der Welt. Hier werden 70 Prozent des Rohöls und der flüssigen Erdölprodukte (vom Benzin bis zum Heizöl) über Pipelines transportiert. Würde man sämtliche amerikanischen Erdgas- und Ölpipelines aneinanderreihen, ergäbe sich eine Länge von 3,9 Millionen Kilometern – das sind fünf Reisen zum Mond und zurück.

Schiffe. Weltweit werden 61 Prozent der fossilen Brennstoffe (etwa 58 Millionen Barrel pro Tag) auf dem Seeweg transportiert. Legt man das Gewicht zugrunde, machen Öltanker 28 Prozent des gesamten internationalen Schiffsverkehrs aus. Am verbreitetsten sind große, für Langstrecken geeignete Tankschiffe (Long-Range-Tanker). Ein einziger Long-Range-Tanker kann zwischen 310.000 und 550.000 Barrel Rohöl transportieren.

Güterzüge. Im Jahr 2018 wurden über 200 Millionen Barrel Rohöl auf der Schiene transportiert – in den USA entsprach das gerade einmal 3 Prozent der Transporte.

Lastwagen. Lkw transportieren Öl und Gas über kurze Entfernungen; 4 Prozent aller Öl- und Gastransporte entfallen auf diesen Transportweg.

Auch die CO_2-Emissionen, die beim Transport von Erdöl und Erdgas entstehen, tragen zu den schädlichen Auswirkungen von Plastik auf die Umwelt bei. Kommt es bei der Förderung oder beim Transport fossiler Brennstoffe zu einem Unfall oder Schaden, können die Folgen noch schwerwiegender sein.

Unfälle und Leckagen

Sowohl die Gewinnung als auch der Transport der Komponenten, aus denen Plastik hergestellt wird, ist mit Risiken verbunden. So haben vor allem Leckagen erhebliche Folgen für die Umwelt. Leider sind solche Ereignisse ziemlich häufig – ob an Bohrstellen oder in Raffinerien, in Pipelines oder auf Schiffen. Das Ausmaß der Umweltschäden hängt davon ab, wo der Rohstoff austritt und welche chemische Zusammensetzung er hat.

Ein Vogel mit ölverschmiertem Gefieder versucht nach dem Ölunfall im Golf von Mexiko eine Sperre in der Barataria-Bucht in Louisiana zu überwinden.

Im Wasser hat der Austritt von Öl in der Regel deutlich gravierendere Folgen als an Land, da das Öl sich über eine größere Fläche verteilen kann und sich schwerer eindämmen lässt; dementsprechend sind mehr Arten von der Kontamination betroffen. Ausfließendes Öl hat unmittelbare katastrophale Auswirkungen auf die Fauna, insbesondere auf Seevögel und Meeressäuger, die zum Atmen immer wieder an die Wasseroberfläche kommen müssen. Wird das Öl geschluckt oder eingeatmet, kann es sich im Gewebe anreichern und zu Erbgutveränderungen und -schäden und zu Herzversagen führen; Eier und Larven können absterben.

Ölverschmutzungen haben außerdem indirekte Auswirkungen auf die Tierwelt. Die Struktur von Meeresökosystemen ist komplex. Weil so viele Arten miteinander interagieren und voneinander abhängen, kann eine erhöhte Sterblichkeitsrate bei einer Art zu einer Effektkaskade führen, die die Struktur der gesamten Organismengemeinschaft einschließlich Räuber-Beute-Beziehungen, Fressverhalten und Konkurrenzdynamik verändern kann.

Das Zugunglück von Lac-Mégantic

Im Juli 2013 raste ein mit rund 8 Millionen Liter Rohöl beladener Güterzug ins Zentrum der Kleinstadt Lac-Mégantic in Quebec und entgleiste. Aus den Tankwagen liefen fast 6 Millionen Liter Öl aus und gerieten in Brand, was zu einer Explosion führte, die 47 Menschen tötete und große Teile der Stadt zerstörte. Etwa 100.000 Liter Öl strömten in den Fluss Chaudière, was Befürchtungen hinsichtlich der langfristigen Auswirkungen auf die Tierwelt und die flussabwärts gelegenen Orte auslöste.

Deepwater Horizon und die Ölpest im Golf

Am 20. April 2010 kam es auf einer Bohrplattform des Ölkonzerns BP im Golf von Mexiko zu einer Explosion, und die Plattform geriet in Brand. Bei dem Unfall kamen 11 Arbeiter ums Leben, und schätzungsweise 4,9 Millionen Barrel Öl flossen ins Meer. Erst am 15. Juli gelang es dem Konzern, das Bohrloch zu schließen, und erst am 19. September war das Leck endgültig unter Kontrolle.

Das Ausmaß der Ölpest ist umstritten. Laut einigen Wissenschaftlern trieb der Großteil des Öls an der Wasseroberfläche, nur etwa 10 Prozent trafen die Küste. Dennoch waren mehr als 1.600 Kilometer Küste verseucht. Andere Wissenschaftler berichteten, sie hätten eine dicke, 4.660 Quadratkilometer große Ölschicht

Löschboote bei dem Versuch, das nach der Explosion der Deepwater Horizon ausgebrochene Feuer zu bekämpfen.

mit toten Seesternen und anderen toten Meerestieren am Meeresgrund entdeckt. Ein Jahr nach der Ölpest verzeichnete der U.S. Fish and Wildlife Service mehr als 6.100 tote Seevögel, 600 tote Meeresschildkröten und 153 tote Delfine.

Bei jeder Ölpest versammeln sich große Teams von Engagierten an den Küsten, um verschmutzte Seevögel zu retten und zu säubern. Die Ölgesellschaften setzen Sperren ein, um den Ölteppich einzudämmen, Feuer, um das Öl zu verbrennen, Dispersionsmittel, um es in kleine Tröpfchen zu zerlegen, und Skimmer, um es abzusaugen. Doch hat sich irgendeine dieser Maßnahmen tatsächlich als effektiv erwiesen? All diese Methoden können bei kleinen Ölverschmutzungen in ruhigen, geschützten Gewässern hilfreich sein, sind aber bei einer großen Ölpest völlig unwirksam. Eine von der Stadt Vancouver 2015 veröffentlichte Studie beispielsweise kam zu dem Schluss, dass die Entfernung des Öls von der Meeresoberfläche bei einer großen Schiffs- oder Pipelineleckage an der Südküste von British Columbia selbst bei ruhiger See schwierig und wenig erfolgreich wäre.

Die Säuberung ölverschmierter Vögel und anderer Tiere kann ebenso tödlich sein wie das Öl selbst, weil sie das Immunsystem schädigen kann. In einer Studie aus dem Jahr 1996 wurden gesäuberte und wieder ausgewilderte Braunpelikane beobachtet. Die meisten Vögel verendeten oder waren nicht mehr in der Lage, sich zu paaren, woraus die Wissenschaftler schlossen, dass sich durch das Säubern der Vögel die Brutgesundheit nicht wiederherstellen lässt.

Reinigungsaktionen geben uns ein gutes Gefühl, weil sie den Eindruck vermitteln, dass etwas unternommen wird, doch im Großen und Ganzen helfen diese milliardenschweren Projekte nicht. Derzeit gibt es keine wirklich erfolgreiche Methode, um eine Ölpest und ihre Folgen zu beseitigen.

Die Kunststoffherstellung

Um Plastik zu produzieren, sind mehrere spezifische und komplizierte chemische Prozesse erforderlich, die jedoch – nachdem die fossilen Rohstoffe aus dem Boden geholt wurden – im Wesentlichen vier Stufen umfassen: Raffination, Cracken, Polymerisation und die Herstellung von sogenannten Nurdles, linsengroßen Plastikpellets.

Vom fossilen Brennstoff zum Kunststoff

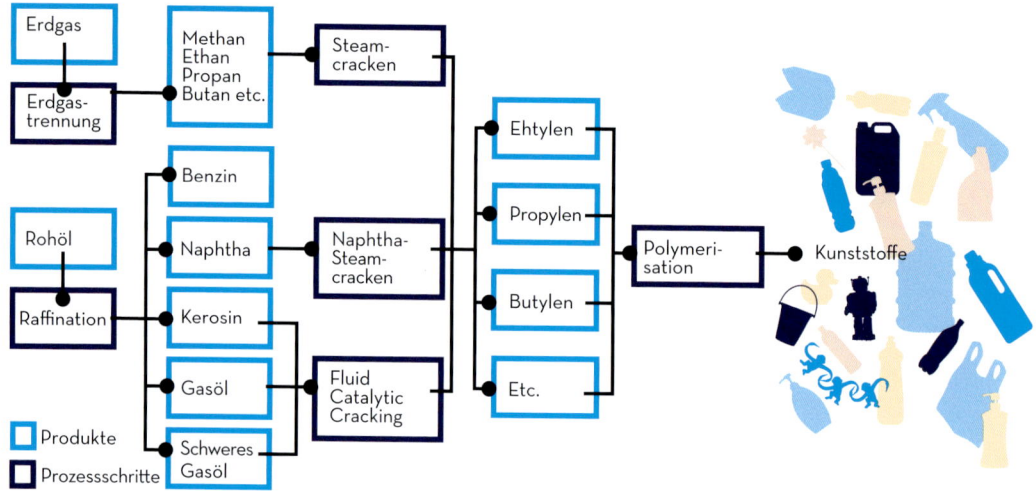

Raffination

Der Raffinationsprozess läuft bei Erdgas und Erdöl unterschiedlich ab. Roherdgas besteht aus einem Gemisch von Kohlenwasserstoffen: Methan, Ethan, Propan, Butan und Pentan, Wasserdampf und anderen Verbindungen (Schwefelwasserstoff, Kohlendioxid, Helium, Stickstoff usw.). Mit komplexen Verfahren werden Wasser und Verunreinigungen entfernt; übrig bleiben gereinigte Erdgaskondensate (Natural Gas Liquids/NGL) wie Ethan, das wichtigste Erdgasprodukt für die Kunststoffherstellung.

> Kohlenwasserstoffe sind Moleküle, die nur aus Wasserstoff- und Kohlenstoffatomen bestehen.

Rohöl ist eine Suppe aus verschiedenen Kohlenwasserstoffen. Als solches ist Rohöl nicht besonders nützlich, erst die Raffination zu Produkten wie Benzin, Diesel, Flugbenzin, Kerosin und Naphtha (eine brennbare Flüssigkeit, die hauptsächlich zur Verdünnung von Rohöl und als Kraftstoff verwendet wird) macht es brauchbar. Dazu wird das Rohöl erhitzt und in verschiedene Schichten, die sogenannten Fraktionen, zerlegt. Diese werden nach Gewicht und Siedebereich getrennt, wobei die schwereren Fraktionen nach unten sinken und die leichteren nach oben steigen. Die wichtigsten Fraktionen für die Kunststoffherstellung sind Naphtha, Kerosin, Gasöl und schweres Gasöl.

Cracken

Beim Cracken werden, wie der Begriff schon vermuten lässt, lange Kohlenwasserstoffketten in kleinere Moleküle, sogenannte Monomere, aufgespalten. Das Wort »Monomer« ist aus den altgriechischen Wörtern »monos« (eins, einzeln, allein) und »meros« (Teil, Bestandteil) gebildet.

Allein in den Vereinigten Staaten gibt es:
- 135 Erdölraffinerien
- 510 Erdgasaufbereitungsanlagen
- 29 Ethylen-Cracking-Anlagen

Je nach Brennstoff werden unterschiedliche Crackverfahren eingesetzt. So wird z. B. ein Gas wie Ethan mit einem Steamcracker aufgespalten, Naphtha mit einem Naphtha-Steamcracker und Kerosin, Gasöl und schweres Gasöl mit einem Verfahren, das Fluid Catalytic Cracking (FCC) genannt wird. Für all diese Prozesse benötigt man hohen Druck und hohe Temperaturen. Beim Steamcracken werden flüssige Kohlenwasserstoffe wie Ethan und Naphtha mit Wasserdampf vermischt und in einem Ofen sehr schnell erhitzt. Die Cracktemperatur und die Verweildauer im Ofen entscheiden darüber, welche Moleküle in diesem Prozess entstehen. Aus Naphtha lässt sich Ethylen (auch Ethan genannt), Propylen oder Butylen (auch Buten genannt) gewinnen. Für das FCC-Verfahren ist nicht nur Hitze, sondern auch ein fester saurer Katalysator erforderlich, damit die gewünschte Reaktion abläuft. Ein Katalysator ist eine Substanz, die es ermöglicht, eine chemische Reaktion entweder schneller oder unter bestimmten Bedingungen ablaufen zu lassen. Die dabei entstehenden Produkte, wie Ethylen, Propylen und Butylen, werden als Petrochemikalien bezeichnet. Petrochemikalien werden zur Herstellung von Kunststoffen verwendet, finden aber auch bei der Produktion von Klebstoffen, Papiererzeugnissen, Druckfarben und Arzneimitteln etc. Verwendung.

Polymerisation von Ethylen

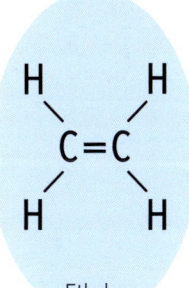

Ethylen

Polymerisation

In der nächsten Stufe werden die Petrochemikalien polymerisiert. Bei der Polymerisation werden Monomere in Polymere – vielteilige Verbindungen – umgewandelt. Dazu werden die Monomere bei bestimmten Temperaturen und mithilfe eines Katalysators zu Polymerketten zusammengefügt. Ethylen (C_2H_4) beispielsweise ist ein Molekül, das aus zwei durch eine Doppelbindung verbundenen Kohlenstoffatomen besteht. Durch die Reaktion mehrerer Ethylenmoleküle in Gegenwart eines Katalysators wird die

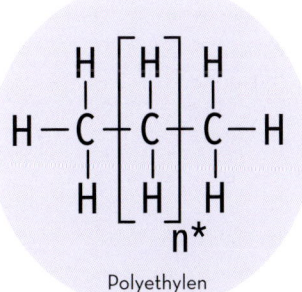

Polyethylen

*»n« bedeutet: Das eingeklammerte Segment wiederholt sich n-mal.

Doppelbindung aufgebrochen, und die Kohlenstoffatome verbinden sich zu einer langen Polymerkette. So wird Polyethylen erzeugt. Mit ähnlichen katalytischen Polymerisationsprozessen kann Propylen in Polypropylen und Butylen in Polybutylen umgewandelt werden. Oft werden verschiedene Monomere in Kombination mit unterschiedlichen Katalysatoren getestet, um neue Arten von Polymeren herzustellen. Manchmal finden Raffination, Cracken und Polymerisation in ein und demselben Werk statt, manchmal werden die Komponenten aber auch rund um den Globus transportiert, und die einzelnen Schritte des Herstellungsprozesses werden unabhängig voneinander durchgeführt.

Nurdles

Im nächsten Schritt wird die polymerisierte Flüssigkeit heruntergekühlt und dann zu winzigen, kaum erbsengroßen Pellets, sogenannten Nurdles, zerkleinert. Dieses Granulat wird weltweit verschifft und dann zu unzähligen Kunststoffartikeln verarbeitet.

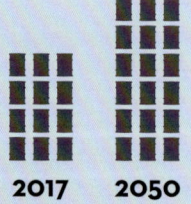

Kunststoffarten

Wie werden aus winzigen Kunststoffpellets die Plastikprodukte, die wir tagtäglich verwenden? Als Erstes werden die Nurdles erhitzt, bis sie in etwa die Konsistenz von Knetmasse haben. Mit einem Verfahren, das als Kunststoffextrusion bezeichnet wird, spritzen Maschinen den heißen Kunststoff in Formen. Wenn der Kunststoff ausgehärtet ist, wird er maschinell aus der Form gedrückt. Dieser Prozess kann sehr schnell ablaufen, und mit entsprechend vielen Formen können sehr viele Kunststoffprodukte gleichzeitig hergestellt werden. Dies ist einer der Gründe, warum Kunststoff sich einer so großen Beliebtheit erfreut: Das Material kann schnell in nahezu jede beliebige Form gebracht werden.

Wenn Sie wissen möchten, aus welcher Art von Plastik Ihre Shampooflasche hergestellt wurde, werfen Sie einen Blick auf den Recycling-Code. Wenn Sie dort z. B. das Symbol ♻ sehen, steht die Zahl »5« im Pfeildreieck für Polypropylen (PP). Sechs Kunststoffe (PET, HDPE oder PE-HD, PVC, LDPE oder PE-LD, PP, PS oder ESP) haben einen eigenen Code. Die übrigen Kunststoffe werden unter der Ziffer »7« und dem Buchstaben »O« für »Other« (andere) geführt.

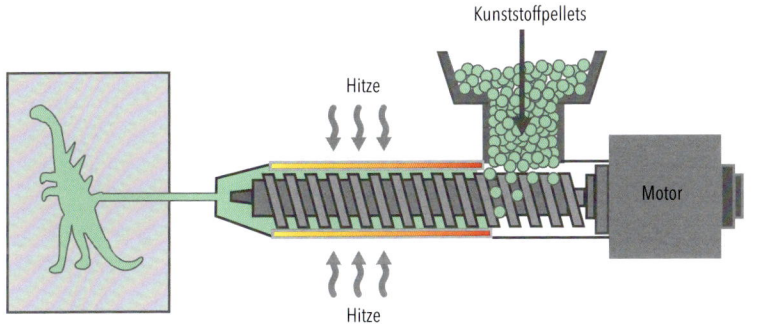

Kunststoffpellets

Hitze

Motor

Hitze

Spritzgussform

Schmelzspinnverfahren

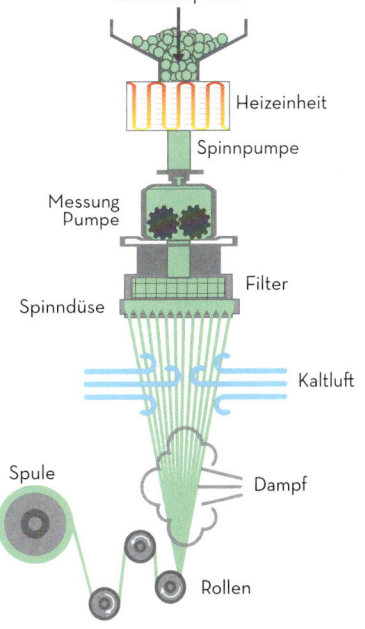

Kunststoffpellets

Heizeinheit

Spinnpumpe

Messung Pumpe

Filter

Spinndüse

Kaltluft

Spule

Dampf

Rollen

Die Produktion von Textilien aus Kunststoffen erfordert einige zusätzliche Schritte. Grundstoff für die meisten Polyester ist Polyethylenterephthalat (PET). Diese Ausgangssubstanz wird zu einer sirupartigen Lösung eingeschmolzen und dann durch eine mit winzigen Löchern versehene Spinndüse aus Metall gepresst. Weil die so entstehenden Fasern (Filamente) nach dem Austritt aus der Düse zu einem Strang zusammengeführt werden, bestimmt die Anzahl der Löcher die Stärke des Garns. In dieser Phase können weitere Chemikalien – z. B. Flammschutzmittel – zugesetzt werden. Nach dem sogenannten Verstrecken wird das Garn auf große Spulen gewickelt und kann anschließend verwebt werden. Dieses Herstellungsverfahren bezeichnet man als Schmelzspinnen.

Der Begriff »Plastik« umfasst Hunderte von Kunststoffarten. Laut einer 2015 durchgeführten Untersuchung werden die folgenden Kunststoffe weltweit am häufigsten produziert:

Polyethylenterephthalat

Abkürzung: PET
Eigenschaften: Je nach Verarbeitung halbsteif bis steif, stabil und leicht. Sechzig Prozent des weltweit produzierten PETs wird zur Herstellung der Kunstfaser Polyester benötigt.
Beispiele: Softdrinkflaschen, Fleecekleidung
Produktionsmenge im Jahr 2015: 33 Millionen Tonnen

Hochdichtes Polyethylen

Abkürzung: HDPE oder PE-HD
Eigenschaften: HDPE ist ein milchig-trüber Kunststoff, der für seine Festigkeit bekannt ist. Im Vergleich zu LDPE hat HDPE eine höhere Zugfestigkeit (darunter versteht man die maximale mechanische Zugspannung, die ein Material aushält, bevor es reißt) und kann höheren Temperaturen standhalten.
Beispiele: Waschmittel- und Shampooflaschen
Produktionsmenge im Jahr 2015: 52 Millionen Tonnen

Polyvinylchlorid

Abkürzung: PVC
Merkmale: Vermutlich sind die Abflussrohre bei Ihnen zu Hause aus PVC, oder Sie haben zumindest im Baumarkt schon PVC-Rohre gesehen. PVC wird auch für Flaschen, Kunstleder, Bodenbeläge, Bankkarten und vieles andere mehr verwendet. Dieser Kunststoff besteht nur zu 40 Prozent aus Erdöl. Wie der Name vermuten lässt, ist das zweite Ausgangsprodukt mit einem Anteil von 60 Prozent Chlor, genauer: Natriumchlorid (NaCl), sprich Salz. In den USA werden jedes Jahr 10,5 Millionen Tonnen Chlor produziert. Rund 40 Prozent davon werden zur PVC-Herstellung verwendet.
Beispiele: Rohrleitungen, medizinisches Material (z. B. Blutbeutel)
Produktionsmenge im Jahr 2015: 38 Millionen Tonnen

Polyethylen niedriger Dichte

Abkürzung: LDPE oder PE-LD
Eigenschaften: LDPE ist ein flexibler und zugleich zäher, transparenter oder milchig-trüber Kunststoff. Im Vergleich zu hochdichtem

Polyethylen (HDPE) sind die Moleküle, aus denen er besteht, weniger dicht gepackt. Dies hat eine geringere Zugfestigkeit zur Folge.
Beispiele: Verpackungsfolie, Frischhaltefolie, Einwegplastiktüten
Produktionsmenge im Jahr 2015: 64 Millionen Tonnen

Polypropylen

Abkürzung: PP
Eigenschaften: Polypropylen besitzt ähnliche Eigenschaften wie die Familie der Polyethylene, ist jedoch etwas härter und hitzebeständiger. Die Verpackungsindustrie verarbeitet große Mengen dieses Kunststoffs.
Beispiele: Lebensmittelverpackungen, Kfz-Interieur, Spielzeug
Produktionsmenge im Jahr 2015: 68 Millionen Tonnen

Polystyrol

Abkürzung: PS
Eigenschaften: In seiner ursprünglichen Form ist Polystyrol transparent, glasartig und spröde. Es wird für bestimmte Verpackungen verwendet, z. B. für CD-Hüllen (Sie erinnern sich?), kann aber auch aufgeschäumt werden. Etwa 95–98 Prozent aller Polystyrolschäume werden unter Luftzufuhr hergestellt und wegen ihrer guten thermischen Isolationseigenschaften geschätzt. Der gebräuchlichste PS-Schaumstoff ist extrudiertes Polystyrol, das unter Markenbezeichnungen wie Styrodur® oder Styrofoam® bekannt ist.
Beispiele: Kühlregale, CD-Hüllen, Styroporverpackungen, Verpackungschips
Produktionsmenge im Jahr 2015: 25 Millionen Tonnen

Sonstige

Eigenschaften: Diese Kategorie enthält ein breites Spektrum verschiedener Kunststoffe sowie Produkte, die aus mehr als einer Kunststoffart der Kategorien eins bis sechs hergestellt werden. Zu den Werkstoffen dieser Kategorie gehören Polyurethan (PU oder PUR), das zur Herstellung dehnbarer Textilfasern wie Elasthan genutzt werden kann, die zu den Biokunststoffen zählenden Polylactide (PLA) aus Milchsäuremolekülen, Polyamid (PA), das allgemein als »Nylon« bezeichnet wird, und Acryl aus dem Polymer Polyacrylnitril (PAN).
Beispiele: Kunststoffschwämme, Gebäudeisolierung, Kleidung, Möbel, Teppiche

Verschiedene Kunststoffe, verschiedene Chemikalien

Wie bereits erwähnt, werden 99 Prozent aller Kunststoffe aus fossilen Brennstoffen hergestellt, doch die
meisten beinhalten zusätzliche Bestandteile, die je
nach Kunststofftyp variieren.

Bisphenol A (BPA)

Bisphenol A (BPA) ist ein Stabilisator, der Kunststoffe
transparent und hart macht – denken Sie z. B. an
Mehrweg-Getränkeflaschen. Außerdem wird BPA zur
Herstellung von Epoxidharzen verwendet, mit denen
Konserven- und Getränkedosen innen beschichtet werden, um den Inhalt frisch zu
halten. Womöglich haben Sie bereits von BPA gehört oder gelesen, denn es handelt sich
um einen Stoff, der leicht in Lebensmittel und damit auch in Ihren Körper übergehen
kann. Es genügt schon, eine BPA-haltige Flasche in der Hand zu halten, um etwas davon
über die Haut aufzunehmen. Die Wirkung verstärkt sich, wenn die Flasche erhitzt wurde.
Wenn Sie also eine Mahlzeit in einem BPA-haltigen Behältnis in der Mikrowelle zubereiten, steigt die Wahrscheinlichkeit, dass Sie BPA aufnehmen.

Müssen Sie sich Sorgen machen? Ja und nein. Einmal in den Körper gelangt, kann BPA
die Wirkung menschlicher Hormone nachahmen und daher – ausreichend hohe Dosen
vorausgesetzt – Prozesse stören, die an der Regulation von Stoffwechsel, Wachstum,
Fortpflanzung und Schlaf beteiligt sind. Andererseits wird BPA aus Kunststoffen nur in
winzigen Mengen freigesetzt, die wahrscheinlich kein Gesundheitsrisiko darstellen. Ein
Dauergebrauch kann allerdings bedenklich sein.

Und was ist mit BPA-freiem Kunststoff?

Wer die chemischen Zusätze in Kunststoffen beunruhigend findet, sucht wahrscheinlich gezielt
nach BPA-freien Produkten. Bevor man jedoch Zeit und Geld für die Suche nach »sichereren«
Alternativen aufwendet, sollte man sich mit der Frage beschäftigen, ob die eingesetzten Ersatz-
substanzen tatsächlich besser sind. Zu den BPA-Alternativen zählen BPF, BPS, BPAF und Bisphe-
nol 5. Ihre Unbedenklichkeit wurde erstmals im Rahmen einer wissenschaftlichen Studie über die
Wirkungen von BPA auf Mäuse infrage gestellt. Eine Gruppe von Mäusen trank aus einer mit BPA
hergestellten Wasserflasche, die Kontrollgruppe bekam Wasser aus einer BPA-freien Flasche. Die
Forschenden stellten fest, dass die Mäuse der Kontrollgruppe schließlich ähnliche genetische
Veränderungen aufwiesen wie die Mäuse, die aus der BPA-Flasche getrunken hatten. In beiden
Gruppen kam es zu Chromosomenveränderungen, die zu Problemen bei der Ei- und Spermien-
produktion führen können. Natürlich sind weitere Studien erforderlich, um zu untersuchen, ob
diese Ergebnisse auf Menschen übertragbar sind, doch angesichts der großen Ähnlichkeit in der
chemischen Struktur kann vermutet werden, dass BPA-Ersatzstoffe sich ähnlich verhalten wie
BPA selbst.

Phthalate

Während BPA Plastik härtet, werden Phthalate zugesetzt, um es weich und biegsam zu machen. Diese Weichmacher finden sich in Wasserrohren aus Kunststoff, medizinischen Schläuchen, ja sogar in den Umhüllungen von Kapseln, Tabletten und Dragees, die wir einnehmen. Sie werden mit Fehlbildungen bei Säuglingen, Krebs, Diabetes und Unfruchtbarkeit in Verbindung gebracht, doch wie bei BPA sind erhebliche gesundheitliche Auswirkungen erst bei einer hohen Zufuhr zu befürchten.

Wie viel Plastik?

Eine Studie kam zu dem Ergebnis, dass zwischen 1950 und 2019 10,1 Milliarden Tonnen Kunststoffe produziert wurden – eine beeindruckende Zahl. Anschaulicher wird sie vielleicht mit einem Vergleich: Wenn alle Menschen und alle Tiere auf dieser Erde gleichzeitig auf eine große Waage steigen würden, wäre das in diesem Zeitraum weltweit produzierte Plastik immer noch 2,5-mal schwerer. Wofür verwenden wir all diese Kunststoffe?

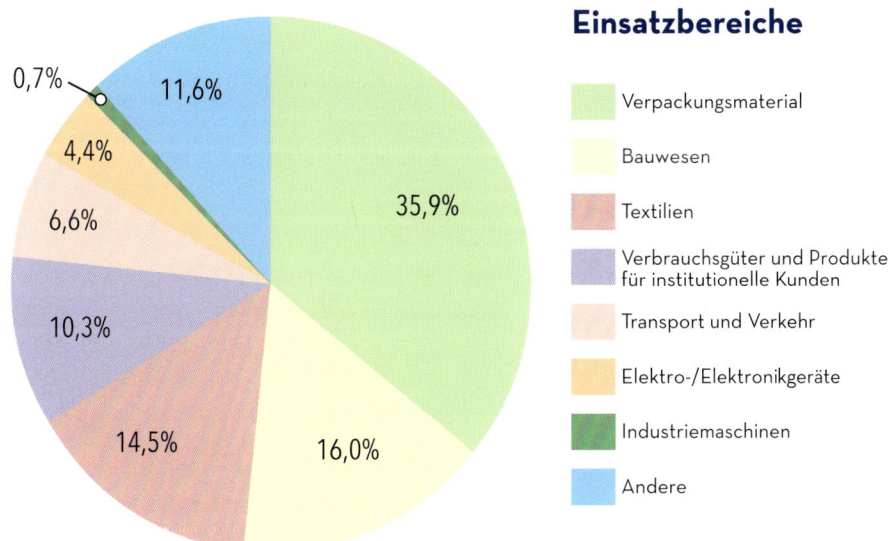

Einsatzbereiche

- Verpackungsmaterial
- Bauwesen
- Textilien
- Verbrauchsgüter und Produkte für institutionelle Kunden
- Transport und Verkehr
- Elektro-/Elektronikgeräte
- Industriemaschinen
- Andere

Plastik spielt in so vielen Bereichen unseres täglichen Lebens eine Rolle und hat unsere Kultur in vielerlei Hinsicht für immer verändert. Dieses »Traummaterial« ist also allgegenwärtig, doch welche Konsequenzen hat das für unsere Umwelt und unsere Gesundheit? Im nächsten Kapitel beschäftigen wir uns mit den Auswirkungen von Kunststoffen auf die Umwelt – von den unübersehbaren Plastikmüllbergen bis hin zu den weniger greifbaren Folgen für unser Klima.

Kapitel 2

Das Plastik-Problem

Weltweit wird heute 250-mal mehr Plastik produziert als 1950. Waren es seinerzeit nur gut 1,5 Millionen Tonnen pro Jahr, lagen wir 2019 schon bei 375 Millionen Tonnen. Ende 2019 wurden geschätzte zwei Drittel dieses Plastiks als Müll entsorgt; ein großer Teil davon gelangte in den Boden und ins Wasser. Uns wird zunehmend bewusst, wie Plastikmüll unsere Umwelt schädigt. Den Müll haben wir direkt vor Augen, doch Plastik verschmutzt die Umwelt auch auf weniger sichtbare, aber genauso alarmierende Weise. In diesem Kapitel geht es um die Frage, wie die Herstellung und Entsorgung von Plastik zur Verschmutzung von Wasser und Luft und zum Klimawandel beiträgt.

CO_2-Emissionen

Über seinen gesamten Lebenszyklus hinweg setzt Plastik klimaschädliches Kohlendioxid (CO_2) frei. Laut einer Analyse verursachten Herstellung und Entsorgung von Plastik allein 2015 einen Ausstoß von 1,7 Milliarden Tonnen – das sind 3,8 Prozent des gesamten Kohlendioxids, das in diesem Jahr freigesetzt wurde. Das ist fast das Doppelte der Emissionen, die die Luftfahrtindustrie produziert. Wäre Plastik ein Land, wäre es der fünftgrößte CO_2-Emittent der Welt.

Es ist davon auszugehen, dass künftig noch mehr Plastik produziert wird. Wenn es im gleichen Tempo wie bislang weitergeht, könnte der Anteil der durch Plastik verursachten CO_2-Emissionen 2050 weltweit auf 15 Prozent steigen. Dies könnte unsere Klimaziele ernsthaft zunichte machen. Ein weiterer, riesengroßer Faktor und mitverantwortlich für eine der größten Umweltkrisen unserer Zeit ist übrigens die Nahrungsmittelverschwendung. Sie steht an dritter Stelle der größten CO_2-Emittenten.

Ein kleiner Philippino sammelt Plastikgegenstände, um sie selbst zu benutzen oder zu verkaufen. Plastikmüll ist auf den Philippinen, wo täglich 163 Millionen Plastikverpackungen verwendet werden, ein ernsthaftes Problem.

Im Rahmen des CO$_2$-Budgets bleiben

Das CO$_2$-Budget gibt an, wie viel Kohlenstoff in die Atmosphäre entweichen darf, ohne dass die globale Erwärmung eine festgelegte Schwelle überschreitet. Seit Beginn der Industrialisierung im 19. Jahrhundert ist die Durchschnittstemperatur auf der Erde um 1 °C gestiegen. Im Rahmen des Pariser Abkommens hat sich die Weltgemeinschaft darauf verständigt, die globale Erwärmung auf 1,5 °C gegenüber dem vorindustriellen Niveau zu begrenzen. Vorher hatte man sich nur auf einen Temperaturanstieg von maximal 2 °C einigen können, doch was kann ein halbes Grad weniger tatsächlich bewirken? Laut zahlreichen Wissenschaftlerinnen und Wissenschaftlern sehr viel.

Immerhin sind alle sich einig, dass das 1,5-Grad-Ziel nur schwer zu erreichen ist, vor allem, wenn wir uns nicht unabhängiger von Plastik machen.

Was wäre, wenn die Erderwärmung 0,5 °C weniger hoch ausfiele?

10.000.000
weniger Menschen
würden ihr Zuhause
verlieren.

50 Prozent
weniger Men-
schen litten unter
Wassermangel.

50 Prozent
weniger Arten
würden ihren
Lebensraum
verlieren.

Der Lebenszyklus von Plastik lässt sich in drei große Abschnitte unterteilen: Herstellung, Verarbeitung, Entsorgung.

Während des Lebenszyklus von Plastik verursachte Emissionen

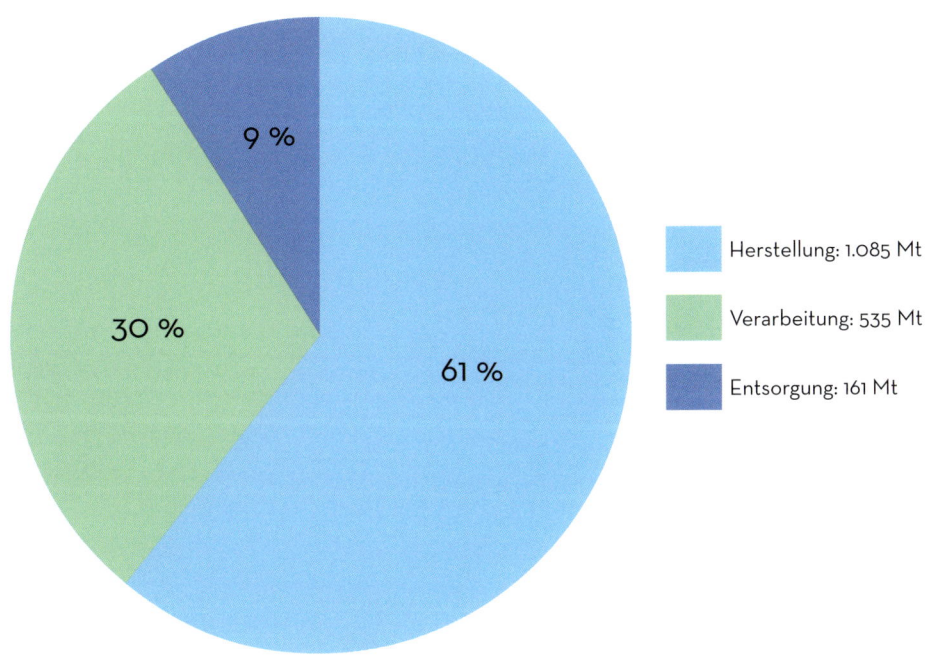

Herstellung: 1.085 Mt

Verarbeitung: 535 Mt

Entsorgung: 161 Mt

Die Herstellung von Kunststoff

Die Herstellung selbst ist für insgesamt 1.085 Megatonnen (Mt) bzw. 61 Prozent der durch Plastik verursachten Treibhausgasemissionen verantwortlich. Ein bedeutender Teil davon entsteht bei der Gewinnung und beim Transport der Rohstoffe: etwa durch die Freisetzung von Methan, beim Verbrauch von Energie für Öl- und Gasbohrungen sowie für die Rodung von Wäldern und Ackerflächen für Pipelines und Bohrfelder.

Auch die Raffination des Rohstoffs und seine Umwandlung in Kunststoff sind energie- und emissionsintensiv. In den USA z. B. setzten 24 Ethylenanlagen, die Ethan zu Ethylen cracken, 2015 17,5 Megatonnen CO_2 frei. Das entspricht dem Ausstoß von 3,8 Millionen Autos. Weltweit emittieren Crackinganlagen bis zu 213 Megatonnen CO_2 – so viel wie 45 Millionen Autos.

Dieselbe Studie, die die CO_2-Emissionen während des Lebenszyklus von Plastik untersuchte, beschäftigte sich auch mit der Frage, ob unterschiedliche Kunststoffe unterschiedlich viel CO_2 ausstoßen. Das Ergebnis: Die Produktion von Polyester, Polyamid und Acryl (in der Studie als PP&A bezeichnet) verursacht die höchsten CO_2-Emissionen – was verdeutlicht, wie sehr die Textilindustrie der Umwelt schadet. Auch bei der Herstellung von Polyolefinen wie Polypropylen (PP), Polyethylen mit niedriger (LDPE) bzw. hoher Dichte (HDPE) werden bedeutende Mengen CO_2 freigesetzt.

Verarbeitung

Bei der Verarbeitung von Rohkunststoff zu Plastikwaren werden 535 Megatonnen CO_2 freigesetzt (das sind 30 Prozent der auf den Lebenszyklus von Plastik entfallenden CO_2-Emissionen). Der größte Teil entsteht bei der Erzeugung von Energie, die notwendig ist, um Rohplastik in all die Tüten, Dosen und Textilien zu verwandeln, die wir tagtäglich benutzen. Auch hier sind die PP&As die größten Emissionstreiber.

Maßeinheiten: Tonne – Megatonne – Gigatonne

Maßeinheit	Entspricht	Wie viele Blauwale?
Tonne (t)	1.000 Kilogramm	Ein Blauwal wiegt bis zu 150 Tonnen (150.000 Kilogramm)
Megatonne	1 Milliarde Kilogramm 1 Mt = 1.000.000 Tonnen	Über 6.000 Wale
Gigatonne (Gt)	1 Billion Kilogramm 1 Gt = 1.000 Megatonnen	Über 6 Millionen Wale

Das Plastikgranulat-Problem

Beim Stichwort Plastikmüll denken wir in erster Linie an weggeworfene Gegenstände und Verpackungen: Wir trinken Wasser aus einer Plastikflasche und werfen sie weg, ohne uns groß den Kopf darüber zu zerbrechen, wo sie am Ende landen wird. Doch Plastikmüll kann auch bei der Herstellung und Verarbeitung von Plastik entstehen, was sich am Beispiel von Nurdles eindrücklich demonstrieren lässt.

Dieses Kunststoffgranulat wird als Rohstoff für die Herstellung zahlreicher Plastikwaren rund um die Welt befördert. Die winzigen, kaum erbsengroßen Pellets sind ungefähr 20 Milligramm leicht und können in großen Mengen in die Umwelt entweichen. Über 250.000 Tonnen davon gelangen jährlich in die Ozeane. Umgerechnet sind das über 11 Billionen Pellets, die an Stränden, im offenen Wasser und dann in den Mägen von Wassertieren landen.

Das Granulat findet sich praktisch überall. So berichteten 28 von 32 im Rahmen einer Studie untersuchten Ländern von der Verschmutzung ihrer Strände durch Plastikgranulat. Doch wie viele dieser Teilchen an die Küsten gespült werden, ist abhängig von Windmustern, Meeresströmungen und der Entfernung zwischen Küste und Produktionsstätte. In Texas z. B. ist die Verschmutzung der Küste durch Plastik zehnmal so hoch wie in allen anderen US-Staaten am Golf von Mexiko. Kein Wunder, wenn man bedenkt, dass 46 Unternehmen in Texas Kunststoffe herstellen dürfen.

Die Verschmutzung durch Nurdles ist ein ernsthaftes Problem, weil das Granulat leicht Chemikalien aus dem Wasser absorbiert. So haben Forschende herausgefunden, dass es giftige Chemikalien wie DDT aufnehmen kann, ein Pestizid, das sich im Fettgewebe von Tieren anreichert und als mutmaßlich krebserregend bei Menschen gilt. Auch polychlorierte Biphenyle (PCB), hochgiftige, industriell synthetisierte Stoffgemische, werden absorbiert, ebenso wie Quecksilber, ein Nervengift, das auch den Magen-Darm-Trakt angreift. Wenn Meerestiere Plastikgranulat schlucken, gehen nicht nur die Chemikalien in ihren Organismus

über. Auch die Mägen der Tiere füllen sich mit Plastik, sodass ihre Verdauung blockiert wird und sie schließlich verhungern.

Doch warum sollten Tiere Plastik fressen? Erstens: Nurdles sehen aus wie Fischeier, eine Lieblingsspeise vieler Meerestiere. Außerdem kann Plastik den Geruch von Nahrung annehmen; Algen, die auf Plastik wachsen, verströmen einen (durch Dimethylsulfid verursachten) Geruch, den Schildkröten, Wale und Haie mit Nahrung zu verbinden gelernt haben. Je stärker eine Spezies auf diesen chemisch erzeugten Geruch reagiert, desto mehr Plastik wird sie wahrscheinlich konsumieren, so das Ergebnis mehrerer Studien.

Eine effektive Methode zur Beseitigung von Plastikgranulat aus der Natur gibt es bislang nicht. Die Teilchen liegen oft zwischen Sand, Erde und Tieren verstreut, die in der Gezeitenzone leben, sodass man bei dem Versuch, die Pellets in großem Maßstab zu beseitigen, auch eine Menge organischen Materials entfernen würde. Es ist außerdem schwierig, die die Verursacher des Problems zu ermitteln, denn das Granulat kann in jeder Phase der Herstellung und des Transports von Plastik entweichen und wegen seines geringen Gewichts vom Wind davongetragen werden. Doch selbst wenn die Verursacher bekannt sind, lässt sich oft nichts machen. So erlaubt beispielsweise der 1972 verabschiedete American Clean Water Act (Gesetz zur Reinhaltung des Wassers) Herstellern, die eine Genehmigung besitzen, bis zu einem gewissen Grad umweltschädliche Substanzen in Gewässer einzubringen – etwa eine nicht geringe Menge von Plastikgranulat.

Dieser angeschwemmte Klumpen Fischeier (oben) verdeutlicht, wieso manche Tierarten Nurdles (unten) leicht mit Nahrung verwechseln.

Entsorgung

Was passiert mit Plastik, nachdem wir es weggeworfen haben? Zwei Drittel des gesamten Plastiks, das je produziert wurde, sind auf dem Müll gelandet. Zwischen 1950 und 2019 waren das geschätzte 7,9 Milliarden Tonnen. Was also geschieht mit all unserem Plastikmüll?

Weltweit werden nur 11 Prozent der Kunststoffe recycelt (obwohl der Anteil viel höher sein könnte), 15 Prozent werden verbrannt, also zu Asche, Gas und Wärme reduziert. Die restlichen 74 Prozent landen auf Mülldeponien oder entweichen in die Umwelt. Doch wie tragen diese Entsorgungsstrategien zur Emission von CO_2 bei?

Insgesamt ist die Entsorgung für 9 Prozent der durch Plastik verursachten Emissionen verantwortlich – das entspricht 161 Megatonnen CO_2. Mülldeponien tragen mit 16 Megatonnen am geringsten zu diesem Ausstoß bei, während das Recycling mit 49 Megatonnen und die Verbrennung mit 96 Megatonnen zu Buche schlagen. Wenn man bedenkt, dass der Großteil unseres Mülls auf Deponien landet und nur 12 Prozent des Mülls verbrannt werden, ist das überraschend.

Allerdings ist bei den 49 Megatonnen CO_2-Emissionen, die für das Recycling berechnet wurden, nicht einkalkuliert, dass entsprechend weniger Neuplastik produziert werden muss, sodass auch die damit verbundenen Emissionen sich verringern. Um diesen Faktor bereinigt, belaufen sich die durch Recycling verursachten CO_2-Emissionen immer noch auf 67 Megatonnen.

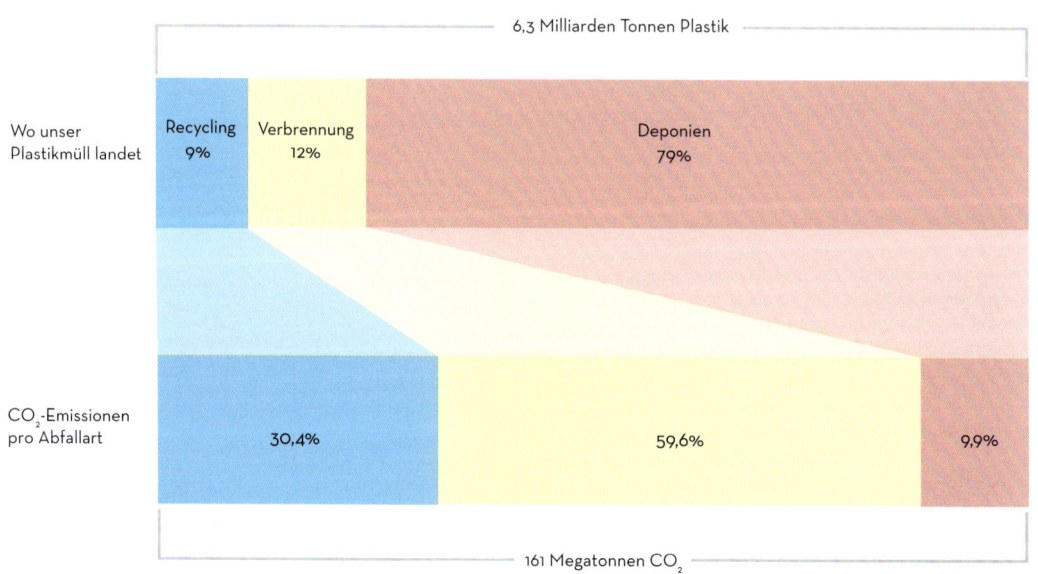

Deponien: Geringer Schaden dank geringer Emissionen?

Dass bei der Entsorgung von Plastikmüll auf Deponien weniger CO_2-Emissionen entstehen als beim Recycling oder bei der Verbrennung, liegt an der langsamen Verrottung: Es dauert Jahrhunderte, bis das Plastik abgebaut ist; der Kohlenstoff ist also mehr oder weniger darin gefangen. Selbst biologisch abbaubarer Müll wie z. B. ein Apfelkern wird auf einer Deponie nur relativ langsam zersetzt. Der Grund dafür ist Sauerstoffmangel. Substanzen werden unter aeroben Bedingungen (mit Sauerstoff) schneller abgebaut, weil Sauerstoff das Aufbrechen der Moleküle unterstützt. Dieser Prozess wird Oxidation genannt. Doch die meisten Deponien sind so dicht befüllt, dass dort anaerobe Bedingungen (Sauerstoffmangel) herrschen und der Kohlenstoff viel länger im Müll eingeschlossen bleibt. Verbrennung beschleunigt den Abbau zwar stark, doch dabei gelangt der im Plastik gespeicherte Kohlenstoff zusammen mit anderen luftverschmutzenden und gesundheitsschädlichen Substanzen wie Dioxin, Furan, Quecksilber und polychlorierten Biphenylen in die Atmosphäre.

Da uns der Platz zum Lagern unseres Mülls allmählich ausgeht, scheint die Verbrennung nicht nur eine verlockende, sondern – dank der vergleichsweise geringen CO_2-Emissionen – auch die akzeptabelste Alternative zu sein, doch es ist wichtig, die damit verbundenen Risiken abzuwägen und weitere Faktoren zu beachten. Erstens könnten viele Abfälle, die auf Deponien landen, kompostiert oder recycelt werden. Wenn wir alles einfach auf die Müllkippe werfen würden, gingen uns irgendwann die Ressourcen aus.

Auf Deponien kann außerdem giftiges Sickerwasser entstehen, z. B. durch Regenwasser, das zwischen den Abfällen hindurchrinnt. Dabei reichert es sich mit gefährlichen Chemikalien an, die etwa von Elektroschrott oder PVC-Rohren freigesetzt werden, und kontaminiert schließlich den Boden, das Grundwasser und andere Wasserquellen. Und nicht zuletzt kann der Müll von offenen Deponien in die Umwelt gelangen und dort die Tierwelt schädigen.

Eine Mülldeponie im südlichen Zentralflorida.

Die Zerstörung der globalen Kohlenstoffsenken

Eine Kohlenstoffsenke ist ein natürliches System, das CO_2 aufnimmt und speichert. Wussten Sie, dass Ozeane die größten Kohlenstoffsenken der Erde sind? Seit Beginn des industriellen Zeitalters haben die Weltmeere 30 bis 50 Prozent des in die Atmosphäre gelangten CO_2 aufgenommen, zum großen Teil über das in ihnen lebende Plankton. Phytoplankton kann Kohlenstoff durch Fotosynthese binden, doch dieser Vorgang wird durch Plastik gestört. Studien belegen, dass mit Mikroplastik kontaminiertes Phytoplankton weniger Kohlenstoff aufnimmt. Plastik wirkt sich außerdem negativ auf Zooplankton aus – kleine Tiere, die Kohlenstoff in die Tiefen der Ozeane transportieren. Plastik – bzw. seine Herstellung und Entsorgung – ist also nicht nur verantwortlich für den Ausstoß von zig Tonnen CO_2, sondern stört auch dessen natürliche Absorption, was sich gravierend auf unsere Bemühungen, die globale Erwärmung aufzuhalten, auswirken wird.

Plastikherstellung und Gesundheit

Die Produktion von Plastik schädigt nicht nur die Umwelt, sondern auch die Gesundheit derer, die in der Herstellung arbeiten.

Rauch quillt aus den Schornsteinen einer norditalienischen Fabrik, in der Kunststoff hergestellt und verarbeitet wird.

Gase und Staub

Neben Tonnen von CO_2 werden bei der Produktion und Verarbeitung von Plastik weitere luftverschmutzende Substanzen freigesetzt, darunter Stickoxide, Schwefeloxide und flüchtige organische Verbindungen (VOCs). Letztere verursachen unter Einwirkung von Sonnenlicht sogenannten Ozon-Smog, der Herz-Kreislauf- und Atemwegserkrankungen verschlimmern sowie Augen, Nase und Rachen reizen kann. Viele VOC-Emissionen entstehen bei der Produktion von Polymerschaum und PVC-Rohren. Auch die Freisetzung von Benzol durch die Plastik- und Petrochemieindustrie ist ein Problem. Benzol gehört zu den krebserregenden Stoffen; es kann Blutarmut verursachen und das Immunsystem schädigen.

Bei der Herstellung und Verarbeitung von Plastik entsteht überdies eine Menge Staub, der in hohen Konzentrationen ein Explosionsrisiko darstellt und die Entstehung von Atemwegserkrankungen begünstigt.

Risiken am Arbeitsplatz

Für Arbeiterinnen und Arbeiter ist die Herstellung von Plastikteilen ein mit Risiken verbundenes Unterfangen. Bei einer Studie, die 2013 in einer Fabrik für Autoteile aus Kunststoff durchgeführt wurde, stellte man fest, dass die Arbeiterinnen im Vergleich zur restlichen weiblichen Bevölkerung ein um 400 Prozent erhöhtes Risiko hatten, aufgrund von Plastikdämpfen an Brustkrebs zu erkranken. Laut einer weiteren Studie ist auch die Wahrscheinlichkeit, als Arbeitskraft in einer Kunststofffabrik infolge von Schwebstoffpartikeln Atemwegserkrankungen zu entwickeln, erhöht.

Diese Anlagen und Fabriken stehen überproportional häufig in Regionen mit geringem Pro-Kopf-Einkommen, und in Studien stellt sich regelmäßig heraus, dass die industrielle Luftverschmutzung die größten Auswirkungen auf Menschen mit niedrigem Einkommen hat. Dieses Muster findet sich auf lokaler wie auf globaler Ebene. In den USA, die zu den wohlhabendsten Nationen der Welt gehören, sind umweltverschmutzende Industrieanlagen überproportional häufig in armen Regionen angesiedelt. Das weltweit meiste Plastik (27,2 Prozent) wird in der Volksrepublik China produziert, die pro Kopf ein signifikant geringeres Bruttoinlandsprodukt hat als die USA oder Deutschland, obwohl sie die zweitgrößte Wirtschaftsnation der Welt ist.

Plastikmüll und die Umwelt

Zwei Drittel des gesamten bis heute produzierten Plastiks landeten auf dem Müll – unvorstellbare 7,4 Milliarden Tonnen (oder 7,4 Gigatonnen). Das entspricht der Masse von 49 Millionen Blauwalen.

Erzeugung von Plastikmüll durch die Industrie im Jahr 2015 nach Bereichen

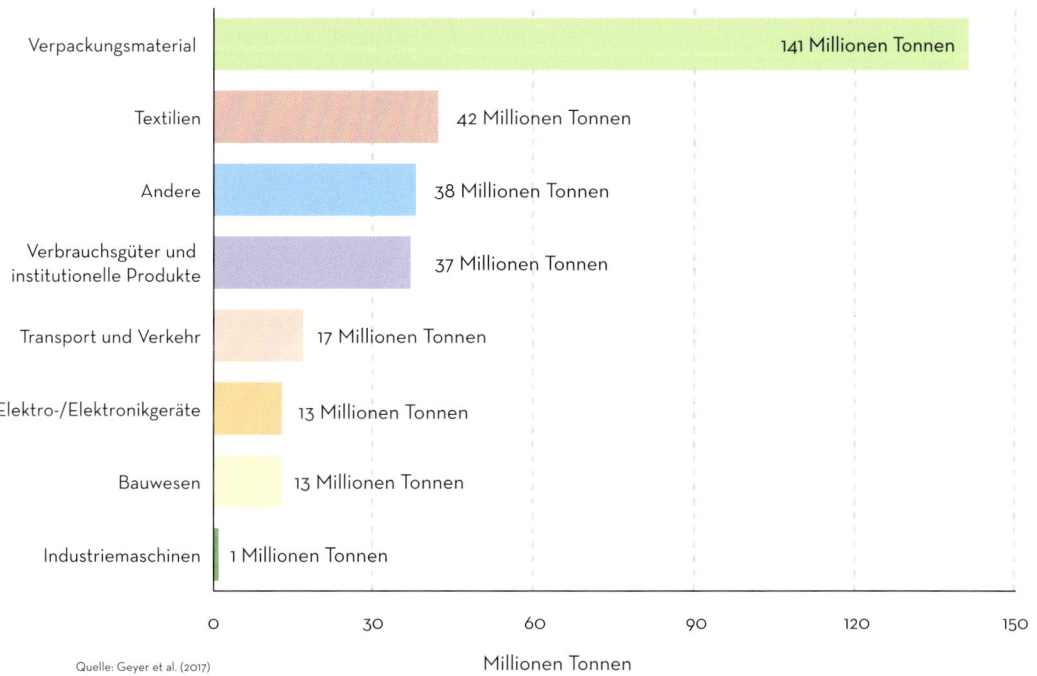

Quelle: Geyer et al. (2017)

Millionen Tonnen

Der Sektor, der am meisten Plastik herstellt, produziert auch den meisten Müll: die Verpackungsindustrie. 36 Prozent des erzeugten Plastiks werden für Verpackungen verwendet. 2019 verursachte dieser Sektor über 141 Millionen Tonnen Müll.

Viel zu viel davon wurde weder eingesammelt noch entsorgt. Jede Minute wird die geschätzte Ladung eines Mülllasters sozusagen ins Meer gekippt. Das sind 8 Millionen Tonnen im Lauf eines Jahres. Ungefähr 50 Prozent dieses Mülls wird von Flüssen in die offene See befördert.

Von der Meeresoberfläche auf den Grund: Unser Plastik-Ozean

Plastikmüll findet sich an den Küsten, an der Wasseroberfläche und auf dem Grund des Meeres. Die Auswirkungen auf die Umwelt unterscheiden sich entsprechend.

Meeresoberfläche

Treibt das Plastik an der Wasseroberfläche? Ja und nein. Es gibt viele unterschiedliche Arten von Plastik, und ob es im Wasser treibt oder nicht, hängt von seiner Dichte ab. Ist sie geringer als die des Meerwassers – wie bei Polyethylen oder Polypropylen –, treibt es an der Oberfläche. Ist sie höher – wie bei Styrol und Nylon –, sinkt es auf den Grund. Da jedoch über die Hälfte allen Plastiks entweder aus Polyethylen (36 Prozent) oder Polypropylen (21 Prozent) besteht, treibt das meiste buchstäblich an der Oberfläche.

Der Müll verteilt sich allerdings nicht gleichmäßig, sondern sammelt sich an bestimmten Stellen rund um den Globus. Der größte zusammenhängende Plastikmüllteppich wird Great Pacific Garbage Patch (großer pazifischer Müllteppich) genannt.

Der große pazifische Müllteppich

Der große pazifische Müllteppich ist ein Müllstrudel im Nordpazifik. Meeresstrudel entstehen durch das Zusammenspiel von Windmustern, Strömungen, Gezeiten, Temperaturen und dem Salzgehalt des Ozeans. Sie sind wichtig für die Zirkulation von Wasser und Nährstoffen, können aber auch Müll ansaugen und ihn einfangen.

Vielleicht stellen Sie sich unter einem Müllteppich eine Insel vor, auf der man herumlaufen kann, doch dieser Teppich ist eher eine trübe Suppe mit Plastikstückchen, die direkt auf und unter der Wasseroberfläche treiben. Dazu kommt – wie bei einem Eisberg – ein Vielfaches an Verschmutzungsmenge bspw. durch Mikroplastik, das unsichtbar in die Tiefe reicht. Da der Teppich nicht fest ist, lässt sich seine Größe nur schwer berechnen, doch Wissenschaftler schätzen ihn momentan auf 1,6 Millionen Quadratkilometer – etwas mehr als das Viereinhalb der Fläche Deutschlands. Geschätzte 1,8 Trillionen Plastikteilchen treiben in dem Teppich, und 94 Prozent davon bestehen aus Mikroplastik.

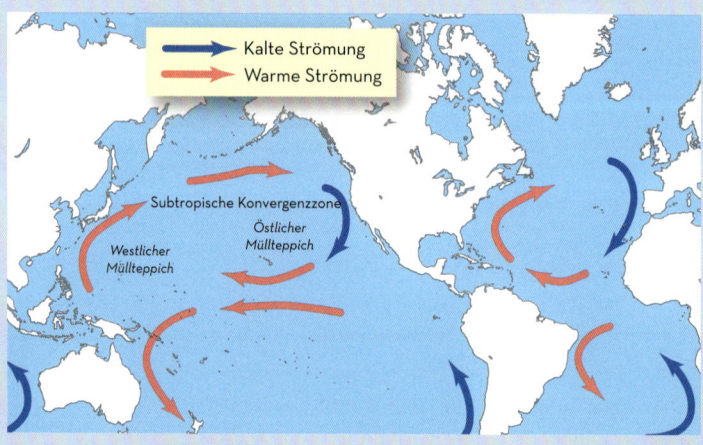

Kalte Strömung
Warme Strömung

Subtropische Konvergenzzone
Östlicher Müllteppich
Westlicher Müllteppich

Mikroplastik: Per Anhalter in die Tiefe

Viele Wissenschaftler sind sich einig, dass Mikroplastik (alle Plastikteilchen, die kleiner sind als 5 Millimeter) die heimtückischste Form von Plastikmüll ist, da diese Teilchen so klein sind, dass sie sich kaum abfischen lassen, zugleich aber leicht von Tieren verschluckt werden (wodurch sie in die Nahrungskette gelangen). Es ist also sehr wichtig, herauszufinden, wo im Meer sich das meiste Mikroplastik ansammelt.

Zunächst glaubte man, die Teilchen würden nur an der Oberfläche treiben, denn als Forschende Wasserproben aus unterschiedlichen Tiefen auf Verunreinigungen mit Mikroplastik untersuchten, stellten sie fest, dass die Konzentration 5 Meter unterhalb der Meeresoberfläche gegen Null ging. Doch eine neuere Studie brachte ans Licht, dass Mikroplastik sich auch in der Tiefsee (200 bis 600 Meter unter der Wasseroberfläche) ansammelt. Die Konzentration hier beträgt 12 bis 15 Partikel pro Kubikmeter – das ist die gleiche Konzentration wie im großen pazifischen Müllteppich. Wissenschaftler vermuten, dass das Plastik sozusagen per Anhalter in die Tiefe gelangt: über die Mägen von Meereslebewesen. Deshalb gibt es sehr viel Mikroplastik an der Meeresoberfläche, sehr viel am Meeresboden und wenig in der Mitte.

Plastikproben, die 2015 während der Ocean-Clean-up-Expedition zum großen pazifischen Müllteppich gesammelt wurden. Sie enthalten viel Mikroplastik.

Der Meeresgrund

Selbst Plastik, das an der Wasseroberfläche treibt, kann auf den Meeresgrund gelangen. Wie kommt das? Die Forschung geht davon aus, dass große und kleine Plastikteile letztlich sinken, weil an ihnen haftende Algen oder Rankenfüßer (z. B. Seepocken) sie nach unten drücken, sobald ihre Dichte größer ist als die des Meerwassers. Deshalb findet man Plastik selbst in den tiefsten Tiefen der Meere.

Der Marianengraben im Pazifik ist der tiefste Punkt der Erde. Zum Vergleich: Würde man den Mount Everest an die tiefste Stelle des Grabens setzen, läge sein Gipfel immer noch 2,1 Kilometer unterhalb der Wasseroberfläche. Bei einer kürzlich durchgeführten Studie stellte sich heraus, dass 70 Prozent der Amphipoden (Flohkrebse), die im Marianengraben leben, Plastik fressen.

Der Strand

Fotos, die am Strand angeschwemmtes Plastik zeigen, kennen wir alle zur Genüge. Doch wussten Sie auch, dass es an manchen Stränden sogar Felsen aus Plastik gibt? Das ist kein Witz. An den Stränden Hawaiis wurden solche »Plastikfelsen« oder »Plastiglomerate« gefunden. Sie bestehen aus Plastik, Vulkangestein, Sand, Muschelschalen und Korallen. Wahrscheinlich bilden sie sich, wenn Plastik durch Lavaflüsse, Waldbrände oder Lagerfeuer schmilzt.

2016 entdeckten Wissenschaftler auf den Uferfelsen der portugiesischen Insel Madeira Schichten aus Plastik, die sie »Plastikrusten« nannten.

An manchen Küsten bilden sich auch sogenannte Plastikrusten. An der felsigen Küste von Madeira, der Hauptinsel der gleichnamigen portugiesischen Inselgruppe, entdeckten Forscher krustige Kunststoffrückstände auf dem Gestein. Die Krusten bestehen aus blauem und weißem Polyehtylen, das in die Felsen geschmolzen ist.

Inseln

Die Kokosinseln (Keelinginseln) in der Mitte des Indischen Ozeans gehören zu den entlegensten Orten der Welt. Nur 600 Menschen leben dort. Doch 2019 wurde im Rahmen einer Studie an ihren Küsten 414 Millionen Plastikteile mit einem Gesamtgewicht von 238 Tonnen gefunden. Die Forscherinnen und Forscher gruben diesmal buchstäblich tiefer als bei vorausgegangenen Studien über Strandplastik und entdeckten im Sand 26-mal so viel Plastik wie an der Oberfläche.

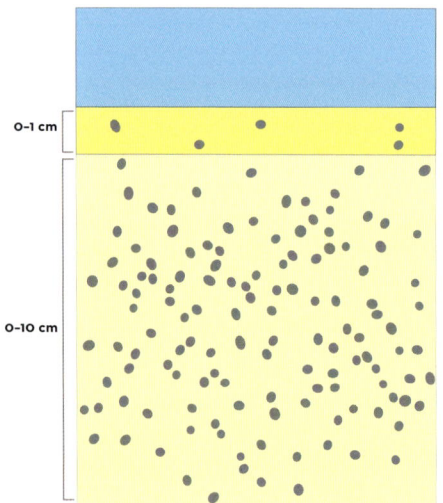

0–1 cm

0–10 cm

Ob eine Insel immer wieder in Plastikmüll erstickt, hat oft wenig damit zu tun, wie viel Müll sie selbst erzeugt. Entscheidend ist vielmehr ihre Lage in Relation zu den Meeresströmungen. Sie hat einen großen Einfluss darauf, wie viel Plastik an ihren Küsten angeschwemmt wird. Bis das Plastik dort landet, hat es unter Umständen Tausende von Kilometern zurückgelegt. Vor diesem Hintergrund wird klar, dass Plastikmüll ein internationales Problem ist: Schwimmender Müll lässt sich von Landesgrenzen nicht aufhalten.

Bei Forschungen auf den Kokosinseln (Keelinginseln) kamen die Wissenschaftler zu dem Schluss, dass 1 bis 10 Zentimeter unterhalb der Sandoberfläche 26-mal mehr Plastik liegt, als von außen sichtbar ist.

Tödlicher Müll

Wie wir wissen, ist der gesamte Planet von der Verschmutzung mit Plastikmüll betroffen – vom arktischen Eis bis zu den tiefsten Meeresgräben –, und wo immer sie auftritt, berührt sie zwangsläufig das Leben der dort heimischen Tiere. Obwohl Menschen die einzigen Lebewesen sind, die Plastik herstellen und wegwerfen können, ist es die Tierwelt, von der mikroskopisch kleinen Wasserfliege bis zur Megafauna, die die Folgen unserer Plastikbesessenheit zu tragen hat. Die folgenden Tiere leiden am meisten unter der Verschmutzung der Umwelt mit Plastik.

Fische

Oft liest man, dass spätestens 2050 mehr Plastik in den Ozeanen herumschwimmen wird als Fische. Doch wie wirkt Plastikmüll sich auf Fische aus? Eines der größten Probleme besteht darin, dass sie den Müll verschlucken. 2019 wurde in einer Studie festgestellt, dass 8,6 Prozent der untersuchten Jungfische Mikroplastik geschluckt hatten. Ein Anteil, der kaum ins Gewicht fällt, könnte man denken, doch Jungfische stellen eine wichtige Nahrungsquelle für andere Meeresbewohner wie Meeresschildkröten, Haie und Seevögel dar. Von daher ist es leicht nachvollziehbar, wie das Plastik bis ans Ende der Nahrungskette gelangt.

Ein junger Fliegender Fisch (oben) und ein junger Drückerfisch (unten) schlucken Mikroplastik, das links vergrößert dargestellt ist. Zum Vergleich ist rechts ein amerikanisches 10-Cent-Stück abgebildet.

Ghost Gear

Wussten Sie, dass Fischereigeräte 20 Prozent des Meeresmülls ausmachen? Geschätzte 640.000 bis 800.000 Tonnen gehen jährlich verloren. In diesen als »Ghost Net« und »Ghost Gear« bezeichneten herrenlosen Netzen, Reusen und Fallen verfangen und verletzen sich zahllose Meerestierarten. Millionen Tiere werden so getötet.

Korallen

Korallenriffe mögen wie eine Ansammlung interessanter Steine und leuchtend bunter Pflanzen wirken, doch sie bestehen tatsächlich aus Tieren. Plastik wird leicht von Bakterien besiedelt, und wenn es in den Riffs landet, kann es Erkrankungen auslösen. So überträgt das Bakterium *Vibrio coralliilyticus* tödliche Erkrankungen wie Korallenbleiche und Weißbandkrankheit, wobei Letztere wissenschaftlich noch kaum erforscht ist. Sie führt zur Ausbildung weißer Streifen auf der Oberfläche der Korallen und letztlich zu ihrem Absterben.

Seevögel

Für die Vögel unseres Planeten sind die Zeiten hart. Allein in Amerika und Kanada sind im letzten halben Jahrhundert geschätzte 3 Milliarden Vögel verschwunden. Der Bestand an Seevögeln schrumpft sogar schneller als der anderer Vogelgruppen, und das liegt vor allem am Meeresplastik.

Seevögel fressen eine Menge Plastik. Das kann tödlich enden, doch im Rahmen einer Studie fand man vor Kurzem heraus, dass sogar geringe Mengen verschlucktes Plastik gravierende Auswirkungen haben können. Dazu zählen z. B. ein erhöhter Cholesterinspiegel, ein geringeres Körpergewicht, eine gestörte Nierenfunktion und eine verkürzte Flügelspannweite. Leider haben schon geschätzte 90 Prozent aller Seevögel Plastik in irgendeiner Form gefressen.

Ein Mitglied des Meeresmüll-Teams der US-amerikanischen Wetter- und Ozeanografiebehörde NOAA befreit ein Laysanalbatros-Küken aus einem kleinen Fischernetz im Midway-Atoll.

Meeresschildkröten fressen nicht nur Plastik, sie verfangen sich auch leicht in Fischernetzen und ertrinken.

Meeresschildkröten

Ähnlich wie Seevögel tragen auch Meeresschildkröten schon durch geringe Mengen Plastik Schäden davon. 2018 enthüllte eine Studie, dass schon 14 verschluckte Plastikteile das Sterberisiko einer Meeresschildkröte signifikant erhöhen. Schildkröten sind hier besonders gefährdet, da das Plastik ihren bevorzugten Nahrungsquellen gleicht. Sie verwechseln Plastiktüten leicht mit schmackhaften Quallen, und Grüne Meeresschildkröten, so stellte eine Studie kürzlich fest, fressen bevorzugt lange, dünne, schwarz-grüne Plastikteile – sie sehen so ähnlich aus wie Seegras, ihre Hauptnahrungsquelle.

Nur ein geringer Prozentsatz toter Wale wird an Land gespült; die meisten Kadaver sinken auf den Grund des Ozeans. Möglicherweise sterben also viel mehr Wale am Konsum von Plastik oder an Plastikvergiftung, als wir wissen.

Wale

Wird ein toter Wal an Land gespült, wird der Kadaver meist von Forschenden obduziert und der Mageninhalt untersucht. Es ist niederschmetternd, wie viel Plastik dabei oft zum Vorschein kommt. 2019 strandete ein toter Pottwal mit über 100 Kilogramm Plastik im Magen in Schottland. Bei einem trächtigen weiblichen Pottwal wurden 23 Kilogramm Plastik im Magen gefunden – neben den Überresten eines Kalmars, der nicht verdaut werden konnte, weil das Plastik den Verdauungstrakt blockierte, sodass der Wal letztlich verhungerte. Im selben Jahr verhungerte ein 499 Kilogramm schwerer Cuvier-Schnabelwal mit 40 Kilogramm Plastik im Magen. Tragischerweise wird diese Todesursache allmählich zur Regel.

Plastikmüll gefährdet auch größere Säugetiere wie diese Hawaii-Mönchsrobbe. Robben können sich in Fischernetzen und Plastiktüten verfangen und Plastik verschlucken.

Kein Entkommen

Eine im Juni 2020 in der Zeitschrift *Science* publizierte Studie deckte auf, dass wir dem Plastikmüll an keinem Ort der Welt entgehen können. Plastik ist im Wind, im Regen und in der Luft enthalten, die wir atmen. Von 339 Proben, die Forschende in 11 US-amerikanischen Nationalparks und Naturschutzgebieten entnahmen, enthielten 98 Prozent Plastikpartikel. Vier Prozent der Teilchen, die sie bei der Untersuchung von Staubproben fanden, bestanden aus Plastik. Die Wissenschaftler schätzen, dass jährlich mehr als 900 Tonnen (das entspricht 300 Millionen Plastikflaschen) winziger Plastikfragmente auf die Nationalparks und Naturschutzgebiete im Westen der Vereinigten Staaten niederregnen. Die Auswirkungen auf die menschliche Gesundheit sind unklar, doch vorausgegangene Studien kamen zu dem Ergebnis, dass hohe Mengen an eingeatmetem Plastik mit Lungenkrebs und Gewebeschäden in Verbindung gebracht werden können.

Robben

Robben können sich an Plastikmüll schwer verletzen. Es ist unklar, wie viele Robben weltweit unter den Auswirkungen des Plastikmülls leiden, doch schon die Zählprotokolle eines einzigen Strandes sind deprimierend. In einem Tierhospital in der Nähe eines Küstenabschnitts im englischen Norfolk wurden über 51 Robben wegen Verletzungen durch Plastikmüll behandelt. Und das ist nur ein kleines Gebiet mit einer Robbenpopulation, die nur einen Bruchteil des globalen Bestands ausmacht.

Landtiere

Obwohl wissenschaftliche Untersuchungen und Initiativen gegen die Verschmutzung mit Plastik sich in erster Linie auf die Meeresumwelt konzentrieren, schädigt unser Plastikmüll auch Landtiere. Bei der Autopsie eines 20 Jahre alten Elefanten, der tot im indischen Periyar gefunden wurde, stellte sich heraus, dass er an inneren Blutungen und an Organversagen gestorben war, weil er große Mengen Plastikmüll gefressen hatte.

***

Das Plastikproblem stellt uns vor immense, scheinbar unüberwindliche ökologische Herausforderungen, doch es gibt Grund zur Hoffnung. Obwohl es riesiger Anstrengungen bedarf, die nur erfolgreich sein werden, wenn Industrien, Regierungen, Wissenschaftlerinnen und Wissenschaftler, Einzelpersonen und Vordenker engagiert zusammenarbeiten, gibt es auf individueller wie auf Systemebene effektive und praktikable Lösungen. Im nächsten Kapitel werden einige der bereits existierenden Lösungsansätze vorgestellt und »auf Herz und Nieren« geprüft.

Kapitel 3

Das Plastik-
Problem lösen

Die Umweltverschmutzung durch Plastik betrifft den gesamten Globus, vom Polareis bis zu den einsamsten Inseln. Sich Lösungen für dieses massive Problem einfallen zu lassen ist eine ziemlich respekteinflößende Aufgabe, doch Veränderung ist möglich. In diesem Kapitel geht es um Lösungen, die jede und jeder von uns im Alltag umsetzen kann, sowie um Lösungen, die ein Umdenken auf Systemebene erfordern. Obwohl die fünf vorgestellten Ansätze großes Potenzial haben, stehen sie vor gravierenden Herausforderungen. Ein kritischer Blick auf ihre Schwächen soll dabei helfen, sie zu verbessern.

Müllvermeidung im Alltag

Reduzieren

»Müll reduzieren« steht nicht ohne Grund an erster Stelle der Lösungsvorschläge. Verringert man seinen Konsum, verringert man automatisch auch den Müll.

Kaufen Sie weniger. Einer der größten Beiträge, den Sie zur Müllvermeidung leisten können, besteht einfach darin, weniger zu kaufen. Beurteilen Sie Ihr Einkaufsverhalten kritisch, und nehmen Sie sich Zeit, um herauszufinden, ob Sie einen Gegenstand, den Sie erwerben möchten, wirklich »brauchen«. Wenn Sie einfach einer Kauflaune nachgeben, reißt das nicht nur ein Loch in Ihren Geldbeutel, sondern bedeutet auch mehr Platzbedarf auf der Mülldeponie. (Eine Umfrage unter 2.000 US-Amerikanerinnen und -Amerikanern ergab, dass ein Durchschnittskonsument pro Woche drei Impulskäufe tätigt, die monatlich mit insgesamt 450 Dollar zu Buche schlagen.) Sie denken über eine größere Anschaffung nach? Lassen Sie sich 30 Tage Zeit. Schreiben Sie auf, was Sie erwerben möchten, und legen Sie den Zettel dann irgendwohin, wo Sie ihn nicht ständig sehen. Wenn Sie den Gegenstand 30 Tage später immer noch kaufen wollen, schauen Sie, ob Sie ihn vielleicht secondhand oder zumindest im lokalen Fachhandel erwerben können.

Leihen Sie sich Dinge aus. Rund um den Globus schießen Leihservices aller Art wie Pilze aus dem Boden. Alles, was Sie ausleihen können, müssen Sie nicht kaufen. Baumärkte z. B. verleihen Geräte und Werkzeuge, die Sie vielleicht nur einmal oder nur sehr selten brauchen, wie Hochdruckreiniger oder Kreissägen. Beim Partyservice erhalten Sie wiederverwendbares Geschirr, sodass Sie kein Plastikgeschirr und Plastikbesteck benutzen müssen – denn auch sogenanntes Bioplastik ist ökologisch nicht ohne Weiteres abbaubar oder vertretbar. Wenn es in Ihrer Nähe keine entsprechenden Angebote gibt, fragen Sie Freunde oder Familienmitglieder, ob sie Ihnen ausleihen können, was Sie benötigen. Ganz nebenbei können Sie auf diese Weise auch herausfinden, ob Sie wirklich Geld in den Kauf des betreffenden Gegenstands investieren möchten.

Die allen Einwohnern von Berkeley offenstehende Werkzeugbörse verleiht Werkzeuge und Geräte aller Art, vom Rechen bis zum Zementmischer.

Wiederverwenden

In den Dingen, die wir Tag für Tag wegwerfen, stecken jede Menge Energie, Ressourcen und Arbeit. Wenn Sie sich stattdessen für langlebige, wiederverwendbare Artikel entscheiden, tragen Sie dazu bei, dass Dinge ihrem Wert entsprechend genutzt werden.

Bereiten Sie sich vor. Vorbereitung zahlt sich aus. Stellen Sie sich ein kleines Sortiment nützlicher wiederverwendbarer Gegenstände zusammen, die Sie in Ihrem Alltag begleiten (siehe z. B. Abb. rechts).

Wenn Sie einen Einkauf in einem Unverpackt-Laden planen, packen Sie die passenden Behälter ein. Sie werden vor dem Befüllen gewogen, sodass Sie später nur den Inhalt bezahlen müssen.

Veranstalten Sie einen Umsonst-Flohmarkt. Animieren Sie auch Ihre Freunde, Dinge beizusteuern, die sie nicht mehr brauchen, z. B. Kleidungsstücke, Bücher oder Haushaltswaren.

Kaufen Sie secondhand. Auf diese Weise können Sie Ihrer Kauflust frönen, ohne zusätzlichen Müll zu produzieren. Auch Freunde und Familienmitglieder freuen sich vielleicht über secondhand erworbene Geschenke.

Wiederverwendbare Alltagsbegleiter

Stoffbeutel für Gemüse und Brot

Dose für Essensreste

Wiederverwendbare Tragetasche

Besteckset

Mehrwegbecher

Mehrwegstrohhalm

Ablehnen

Manche Dinge nimmt man im Alltag ohne groß darüber nachzudenken im wahrsten Sinne des Wortes einfach hin, doch das ist kein Naturgesetz. Ob Sie einen Plastikstrohhalm für ein Getränk ablehnen oder eine Kosmetikprobe Ihrer Lieblingsmarke – jede Ablehnung vermittelt Ihrem Gegenüber die Botschaft, dass Sie dabei sind, Ihre Konsumgewohnheiten zu ändern.

Lernen Sie, Nein zu sagen. Etwas nicht anzunehmen, was einem umsonst angeboten wird, fällt nicht immer leicht. Es widerspricht vielleicht den gesellschaftlichen oder kulturellen Normen und kann Unbehagen auslösen, sollte aber trainiert werden. Freundliche Worte wie: »Vielen Dank, das möchte ich nicht, ich versuche, auf Einwegplastik zu verzichten«, versteht jeder und führt vielleicht sogar auch beim Gegenüber zum Umdenken.

Verweigern Sie die Annahme unerwünschter Werbung. Mit einem Aufkleber »Bitte keine Werbung einwerfen« sorgen Sie dafür, dass nicht adressierte Wurfsendungen und Flyer nicht mehr in Ihrem Briefkasten landen. Im kanadischen Calgary, Alberta, hat eine

Umweltorganisation seit 2007 über 10.000 solcher Aufkleber verteilt und damit einen Rückgang der Werbeprospekte um ca. 1,25 Millionen Kilogramm erreicht. Der Nutzen ist ein doppelter: Wenn Sie keine Werbeprospekte mehr erhalten, geraten Sie auch weniger in Versuchung, Dinge zu kaufen, die Sie wahrscheinlich gar nicht brauchen. Wer auf Schnäppchen aus ist, muss trotzdem nicht auf Angebote verzichten. Subskribieren Sie die gewünschten Prospekte einfach online.

Verzichten Sie auf Plastikbeutel. Wenn Sie z. B. sechs Äpfel kaufen möchten, brauchen Sie dann wirklich einen dieser dünnen sogenannten Hemdchenbeutel aus Plastik, um sie einzupacken? Die Antwort lautet Nein. Sie können die Äpfel direkt in den Einkaufswagen oder Ihren Korb legen. Das erscheint Ihnen unhygienisch, weil das Obst mit Keimen in Berührung kommt? Tatsächlich gibt es in Lebensmittelgeschäften viele besorgniserregende Keime. Doch unabhängig davon, ob Sie einen Einwegplastikbeutel verwenden oder nicht, wird loses Obst und Gemüse niemals völlig keimfrei sein, denn es ist vor seiner Auslage im Geschäft schon durch viele Hände gegangen. Deshalb ist es so wichtig, es vor dem Verzehr gründlich zu waschen. Zum Einpacken loser Lebensmittel, die sonst schlecht zu transportieren oder sehr empfindlich sind, z. B. grüne Bohnen oder Trauben, eignen sich wiederverwendbare Netze, die es in vielen Supermärkten zu kaufen gibt. Wer kein Geld dafür ausgeben möchte, kann ein ausgedientes T-Shirt mit ein paar einfachen Handgriffen in einen Beutel verwandeln (siehe unten).

> Hier ein Tipp zur Vermeidung von Abfall: Waschen Sie Ihr Obst und Gemüse erst, bevor Sie es verwenden, nicht gleich nach dem Einkauf. Feuchtigkeit beschleunigt die biologischen Abbauprozesse, sodass Ihre Lebensmittel schneller verderben.

Reparieren

Wer ein paar grundlegende Reparaturtechniken beherrscht, kann die Lebensdauer vieler Dinge verlängern und macht sich unabhängiger.

1) Die Ärmel eines T-Shirts abschneiden und den Ausschnitt vergrößern. Die Träger dienen später als Griffe. Das T-Shirt auf links wenden und unten rundum in Längsrichtung einschneiden, sodass der Stoff in Streifen herabhängt.

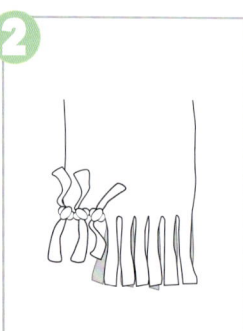

2) Gegenüberliegende Stoffstreifen doppelt miteinander verknoten. Ein Stoffende nach oben und eins nach unten ausrichten.

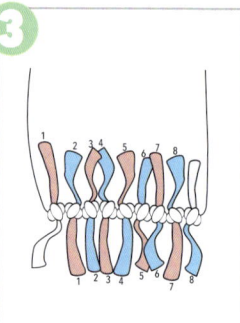

3) Um die Lücken zwischen den Knoten zu schließen, das obere Ende des ersten mit dem unteren Ende des zweiten Stoffstreifens verknoten. Dann das obere Ende des zweiten mit dem unteren Ende des dritten Streifens usw. Die Stoffenden abschneiden.

4) Den Beutel auf rechts wenden. Jetzt können Sie damit einkaufen gehen.

Erwerben Sie handwerkliche Fähigkeiten. Wenn Sie lernen, Dinge zu reparieren, können Sie zur Müllvermeidung beitragen, Geld sparen und entdecken vielleicht sogar ein neues Hobby für sich. Vielleicht haben Sie ja Lust, nähen zu lernen. Weggeworfene Textilien tragen besonders viel zur Entstehung von Plastikmüll bei (siehe Kap. 4, S. 90–96). Um die Lebensdauer von Kleidungsstücken zu verlängern, genügt es, ein paar Grundstiche zu beherrschen. Im Internet finden sich dazu unzählige Tutorials. Oder eignen Sie sich den Umgang mit dem Lötkolben an. Zum Reparieren von Elektrogeräten ist er praktisch unentbehrlich.

Besuchen Sie ein Reparaturcafé. Haben Sie das Gefühl, mit einer Reparatur überfordert zu sein? Bringen Sie Ihre kaputten Lampen, Toaster, Jacken usw. in ein Reparaturcafé. Dort unterstützen ehrenamtliche Profis Sie beim Beheben der Schäden. Solche Cafés gibt es mittlerweile an vielen Orten. Wenn Sie besonders geschickt sind, können Sie auch selbst eines gründen.

Kleiderpflege

Wer seine Habseligkeiten gut in Schuss hält, spart sich Reparaturen. Hier ein paar Tipps zur Pflege von Textilien.

Trocknen Sie Kleidung an der Luft: Im Trockner verschleißen Gewebe schneller. Wenn Sie auf die Anschaffung eines Trockners verzichten, sparen Sie außerdem Energie und Geld.

Waschen Sie mit kaltem Wasser: Manche Stoffe, z. B. aus Nylonfaser, dürfen gar nicht bei hohen Temperaturen gewaschen werden; sie nehmen sonst Schaden.

Waschen Sie seltener: Viele Kleidungsstücke können mehr als einmal getragen werden, ehe sie reif für die Waschmaschine sind. Ein Student der University of Alberta beispielsweise trug eine Jeans zwischen 2009 und 2010 15 Monate lang, ohne sie zu waschen, und stellte fest, dass nicht mehr Bakterien an ihnen hafteten als an Jeans, die weniger als zwei Wochen am Stück getragen wurden. Natürlich ist das ein Extrembeispiel. Die Firma Levis empfiehlt, ihre Jeans nach 10-maligem Tragen zu waschen.

Behandeln Sie Flecken sofort: Sie haben einen Fleck entdeckt? Handeln Sie schnell – und verwenden Sie einen geeigneten Fleckentferner. Vorher unbedingt die Gebrauchsanweisung lesen.

Tragen Sie beim Kochen eine Schürze: Das bewahrt Sie davor, Ihr schönes Top oder Ihre Lieblingsjeans zu ruinieren.

Schließen Sie vor dem Waschen die Reißverschlüsse: Beim Rotieren in der Waschtrommel können die Zähnchen offener Reißverschlüsse kleine Löcher in andere Kleidungsstücke reißen.

Entfernen Sie Reste von Streusalz: Für jene Leserinnen und Leser, die noch echte Winter erleben, kann Streusalz ein echtes Problem sein, denn es greift das Obermaterial von Schuhen und Hosenstoffe an. Das Salz mit einem feuchten Tuch abwischen, die Sachen an der Luft trocknen lassen und Textilien erst dann in die Wäsche geben.

Lassen Sie Dinge reparieren. Einer Ihrer Schuhe hat ein Loch? Ihr Laptopbildschirm ist kaputt? Selbst wenn Sie einen Gegenstand nicht selbst wieder instand setzen können, müssen Sie ihn noch lange nicht wegwerfen. Bringen Sie ihn zur Reparatur, z. B. zum Schuhmacher oder zur Computerfachfrau, um seine Lebensdauer zu verlängern.

Umdenken

Plastik ist teilweise jahrhundertelang haltbar und lässt sich praktisch beliebig formen. Manche Kunststoffe sind sogar härter als Stahl. Gäbe es nicht so viel Plastik und wäre seine Herstellung nicht so billig, würden wir es womöglich als wertvoll erachten. Warum also nicht umdenken und kreativ werden?

Ein bisschen handwerkliches Geschick und Kreativität genügen, um aus Einwegflaschen z. B. Blumenampeln zu basteln.

Verwandeln Sie Plastik in Kunst. Überall auf der Welt sind heutzutage Kunstinstallationen aus Abfall zu sehen. Die Idee lässt sich auf kleinere Projekte übertragen: Verwandeln Sie z. B. eine Wasserflasche aus Plastik in eine Blumenampel, ein Spielzeug oder eine Futtersäule für Vögel.

Kompensieren Sie Ihre CO_2-Emissionen. Haben Sie schon einmal vom »Emissionsausgleich« gehört? Hier ein Beispiel: Wenn Sie einen Flug buchen, können Sie freiwillig einen Ausgleichsbetrag für die durch den Flug verursachten Emissionen bezahlen. Die Wissenschaft und innovative Organisationen propagieren dieses System auch für den Umgang mit Müll: Je nachdem, wie viel Müll Sie oder Ihr Unternehmen verursachen, zahlen Sie einen bestimmten Betrag an eine Organisation, die in einem bedrohten Gebiet Abfall sammelt oder eine Infrastruktur zur Abfallentsorgung errichtet.

Wählen Sie umweltbewusste Politikerinnen und Politiker. Wenn Sie Politiker und Parteien unterstützen, die sich für den Schutz der Umwelt einsetzen und auf die Wissenschaft hören, können Sie den Umgang mit dem Plastikproblem positiv beeinflussen. Sie können sich natürlich auch selbst politisch engagieren.

Recyceln

Während »Reduzieren« als erster und wichtigster Schritt zur Vermeidung von Plastikmüll ganz am Anfang unserer Liste steht, bildet »Recyceln« logischerweise den Schluss: Darauf wird zurückgegriffen, wenn die anderen Strategien ausgeschöpft sind. Im nächsten Abschnitt über Lösungen auf (inter-)nationaler Ebene wird ausführlich über Recycling berichtet, und obwohl dabei viele Herausforderungen zu meistern sind, lassen sich die Prozesse weiter verbessern.

Müllvermeidung auf nationaler und globaler Ebene

Obwohl individuelle Anstrengungen eine wichtige Rolle bei der Bekämpfung von Plastikmüll spielen, lässt die Plastikkrise sich nur durch beherztes Vorgehen von Gemeinden, Unternehmen und Ländern meistern. Auf dieser Ebene gibt es vielfältige und immer wieder neue Lösungsansätze, von denen hier fünf diskutiert werden:

1 **Recycling**
2 **Biologisch abbaubarer Kunststoff**
3 **Verbote und Steuern**
4 **Säuberungsaktionen**
5 **Kreislaufwirtschaft**

Recycling

Durch das Recyceln einer Tonne Kunststoff werden 5.238 Kilowattstunden Energie, 16,3 Fässer Öl und 23 Kubikmeter Raum auf der Mülldeponie eingespart. Und nicht nur das – es fühlt sich auch gut an, einen Beitrag zum Recycling zu leisten. Wir werfen unsere leeren Shampooflaschen in die gelbe Tonne und freuen uns, dass daraus etwas Neues hergestellt wird. Leider ist das nicht immer der Fall. Mit Recycling lässt sich eine Menge erreichen, doch sein Potenzial wird gar nicht ausgeschöpft. Nur 9 Prozent des weltweit produzierten Plastiks werden recycelt, dabei wäre so viel mehr drin. In diesem Abschnitt geht es um die Grundlagen des Recyclings, die damit verbundenen Herausforderungen und Verbesserungsmöglichkeiten.

> Was wir in die gelbe Tonne werfen, landet in Kanada in der blauen Box: 1981 wurden in Kitchener, Ontario, die ersten blauen Kisten für recycelbaren Müll am Straßenrand aufgestellt. Das Modell wurde von über 150 Ländern übernommen.

Die PET-Flaschen in diesen Ballen wurden sortiert, gepresst und gewaschen und warten jetzt darauf, recycelt zu werden.

Recycling-Einmaleins

Recycling kann in drei große Schritte unterteilt werden: Sammeln, Sortieren und Verarbeiten. Doch dieser Prozess verläuft nicht reibungslos.

An diesen Stellen ist das System störanfällig.

Sammeln

Ende der 1990er-Jahre wurde in den USA und in Kanada die Mülltrennung vereinfacht: Statt den recycelbaren Müll vorab zu sortieren, warfen Verbraucher Papier, Metall und Plastik nun zusammen in dieselbe Tonne (Single-Stream-Recycling). Das führte dazu, dass die Recyclingquoten durch die Decke gingen, doch landete in den Tonnen plötzlich auch viel Müll, der gar nicht hineingehörte.

Sortieren

Nach dem Einsammeln wird der wiederverwertbare Müll zu einer Recyclinganlage gebracht und dort von Hand und maschinell sortiert. Der Müll wird auf ein Förderband gekippt, und Arbeiterinnen und Arbeiter fischen heraus, was nicht hineingehört, z. B. Plastiktüten, die die Fördermechanik blockieren können. Dann wird der Müll mithilfe diverser Filter-, Infrarotlicht- und Gebläsesysteme sortiert. Doch bei schwarzem Plastik versagen viele optische Trennsysteme; es unterscheidet sich farblich kaum vom Förderband und kann deshalb nicht identifiziert werden. Meist wird es deshalb von vornherein aussortiert und verbrannt.

Das Sortieren ist ein wichtiger Schritt zur Gewinnung recycelbarer Materialien. Werden die Fehlwürfe nicht aussortiert, verliert der Müll enorm an Wert. Der sortierte Abfall wird meist nach Sorten gebündelt zu Ballen gepresst, um dann anderswo oder in derselben Anlage weiterverarbeitet zu werden.

PROBLEM
INFRASTRUKTUR

Wenn Sie Ihre blaue Box oder die gelbe Tonne an die Straße stellen und die Müllabfuhr sammelt den Müll ein, können Sie sich glücklich schätzen. Denn das ist keine Selbstverständlichkeit. Geschätzte 2 Milliarden Menschen weltweit können von einer regelmäßigen Müllabfuhr nur träumen. Selbst in wohlhabenden Ländern wie den Vereinigten Staaten gibt es ein regionales Ungleichgewicht. Geschätzte 34 Millionen Häuser auf dem Land und 16 Millionen Wohnungen haben keinen Zugang zum Recycling. Das entspricht 40 Prozent der US-amerikanischen Haushalte. Bei einer geringen Bevölkerungsdichte rechnet sich die notwendige Infrastruktur nicht – inklusive der Anschaffung von Müllwagen, die pro Stück an die 300.000 Dollar kosten.

PROBLEM
WISHCYCLING

Haben Sie je eine fettige Pizzaschachtel oder einen Einwegkaffeebecher in der Hand gehalten und sich gefragt, ob sie recycelbar sind oder nicht? Selbst wenn Sie unsicher waren, haben Sie sich wahrscheinlich für die gelbe Tonne entschieden und sich gewünscht, dass aus Ihrem Müll etwas Neues hergestellt wird. Dieses Verhalten wird als »Wishcycling« bezeichnet. 25 Prozent der Abfälle, die in den USA in der Recyclingtonne landen, sind nicht recycelbar. Solch kontaminierte Müllchargen gelten als minderwertig und lassen sich nur schwer vermarkten (siehe »Chinas ›Operation nationales Schwert‹«, S. 56). Enthält die gelbe Tonne zu viele Fehlwürfe, sodass die Trennung zu teuer wäre, landet der Müll häufig auf der Deponie.

PROBLEM
LEBENS-MITTELRESTE

Verpackungsmüll, an dem Lebensmittelreste haften, ist unter Umständen nicht wiederverwertbar. Dies gilt insbesondere für Papier, das zur Wiederaufbereitung mit Wasser zu einer Pulpe vermengt wird. Wenn fettige Lebensmittelrückstände sich mit dem Papierbrei vermischen, hat das neue Papier eine geringere Qualität. Lebensmittelrückstände in Plastik-, Glas- oder Metallbehältern sind unproblematisch, denn sie lassen sich abwaschen. Allerdings können bei Single-Stream-Systemen Ölrückstände in Gläsern den Papiermüll kontaminieren. Hinzu kommt ein hygienisches Problem: Die Rückstände können schimmeln und mit gesundheitsschädlichen Bakterien belastet sein, die die Mitarbeitenden in Recyclingfirmen gefährden.

Verarbeiten

Der zu Ballen gepresste Plastikmüll kann nun weiterverarbeitet werden. Mit Magneten und anderen Geräten werden letzte Reste von Metall und anderen Fremdstoffen entfernt. Anschließend wird das Plastik vorgewaschen. In welche Art von »Bad« es als Nächstes getaucht wird, hängt vom jeweiligen Kunststoff ab. Wasserflaschen z. B. werden zum Entfernen der Etiketten in heiße Seifenlauge getaucht, die den Klebstoff lösen. Zum Schluss wird das Plastik zu kleinen Flocken geschreddert, die geschmolzen, gefiltert und in Granulat verwandelt werden. Dieses Granulat wird weiterverkauft. Es ist das Ausgangsmaterial für die Herstellung neuer Plastikprodukte.

PROBLEM
SCHLECHTE QUALITÄT

Aus Metalldosen lassen sich beim Recyceln wieder Metalldosen, aus Glasflaschen neue Glasflaschen herstellen. Dieses simple Prinzip gilt für Plastik leider nicht. Beim mechanischen Recycling von Plastikgegenständen verkürzen sich bei jedem Recyclingvorgang die Polymerketten, worunter die Qualität der Rezyklate leidet. Wie sehr, hängt von der Art des Kunststoffs ab. Polyethylenterephthalat (PET) z. B. lässt sich besser recyceln als Polyethylen. Trotzdem muss oft neuer Kunststoff zugefügt werden, um die Qualität des Rezyklats zu verbessern. Die meisten recycelten Kunststoffgegenstände bestehen daher nicht zu 100 Prozent aus recyceltem Material. Es gibt viele verschiedene Arten von Kunststoff, und wenn sie zusammengeschmolzen werden, legen sie sich oft in Schichten übereinander. Diese Mischungen sind nicht sehr stabil und nur begrenzt einsetzbar. Plastik wird deshalb beim Wiederaufbereiten meist »downgecycelt«, also in ein Produkt umgewandelt, das minderwertiger ist als das Ausgangsprodukt.

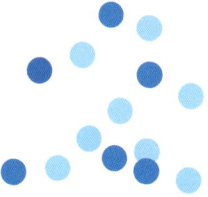

PROBLEM
ABSATZMARKT

Selbst wenn Sie Ihren Müll trennen und Gläser und Becher vor der Entsorgung ausspülen, heißt das nicht, dass der Inhalt Ihres gelben Sacks oder Ihrer gelben Tonne tatsächlich recycelt wird. Zunächst einmal braucht es einen Käufer, der das gewaschene und geschredderte Plastik zu Kunststoffgranulat verarbeitet. Man könnte annehmen, dass die Herstellung von Recyclingplastik billiger ist als die Herstellung von Neuplastik, doch das hängt größtenteils vom Ölpreis ab. Fällt der Ölpreis, ist die Fabrikation von Neuplastik für die Hersteller attraktiver und billiger – zum Nachteil von Recyclingplastik.

Chinas »Operation nationales Schwert«

Seit Januar 2018 ist in China der Import zahlreicher Kunststoffe und anderer recycelbarer Materialien verboten. Dieser im Rahmen der sogenannten ›Operation nationales Schwert‹ verhängte Importstopp bedeutet, dass die Hälfte des weltweit produzierten recycelbaren Mülls (111 Millionen Tonnen) nun woanders verarbeitet werden muss. Womöglich sind Sie davon ausgegangen, dass recycelbare Kunststoffe bei Ihnen vor Ort wiederaufbereitet werden. Das ist jedoch nur selten der Fall. Ehe China sein Importverbot verhängte, exportierten die Europäische Union 95 Prozent und die USA 70 Prozent ihrer recycelbaren Kunststoffe in die Volksrepublik. Das Modell hat 25 Jahre lang funktioniert.

Mitverantwortlich für den Importstopp war die Einführung des »Single-Stream«-Recyclings in vielen Ländern. Während Konsumenten dort ihren Müll früher selbst sortieren mussten, werfen sie Papier, Aluminium und Plastik inzwischen in dieselbe Tonne. Dies führte zu einer zunehmenden Verunreinigung des Mülls mit Essensresten und Fehlwürfen. Dazu kommt, dass Verpackungsmaterial häufig aus mehrschichtigem, buntem und mit Additiven versetztem Mischkunststoff besteht, der nur schwierig zu recyceln ist. Deshalb akzeptiert China nur noch saubere, hochwertige Kunststoffe mit einem Reinheitsgrad von 99,5 Prozent – Standards, die die meisten Länder gegenwärtig nicht erfüllen können.

Die Auswirkungen des Einfuhrverbots sind bereits weltweit zu spüren. In Australien liegen nun 1,3 Millionen Tonnen recycelbaren Mülls, die früher nach China gegangen wären, auf Halde. Im Vereinigten Königreich ist die Müllmenge, die verbrannt wird, drastisch gestiegen: 2018 wurden dort 11 Millionen Tonnen Abfälle verbrannt – 665.000 Tonnen mehr als 2017. In den USA haben steigende Unterhaltskosten dazu geführt, dass Recyclingbetriebe an manchen Orten dicht machen mussten.

Obwohl diese Recyclingkrise zu chaotischen Zuständen geführt hat, birgt sie auch eine Chance für Systemverbesserungen, etwa die Weiterentwicklung von Recyclingverfahren. Auch könnte sich der Druck auf Hersteller, recyclingfreundlichere Waren herzustellen, erhöhen. Noch sind die Auswirkungen der ›Operation nationales Schwert‹ nicht vollständig absehbar, doch hat sie mit Sicherheit eine Diskussion über den weltweiten Umgang mit Müll ausgelöst.

In Norwegen werden inzwischen 97 Prozent aller Plastikflaschen recycelt. Erreicht wurde dieses Ziel durch die Anstrengungen von Konsumenten und Produzenten. Konsumenten zahlen wie in Deutschland beim Erwerb von Plastikflaschen ein Pfand, das zurückerstattet wird, sobald sie die Flaschen in einen der vielen Leergutautomaten werfen. Die Herstellung von Plastikflaschen wird dort jedoch mittlerweile hoch besteuert – doch die Steuer entfällt, sobald die landesweite Rücklaufquote 95 Prozent übersteigt. Produzenten werden so zur Herstellung leicht recycelbarer Plastikflaschen angeregt.

Detektivarbeit: Wo landet recycelbarer Müll wirklich?

Wenn wir einen Gegenstand in die Recyclingtonne werfen, gehen wir davon aus, dass er recycelt wird. Aber ist das tatsächlich immer der Fall? Reporter der Canadian Broadcasting Corporation (CBC) untersuchten diese Frage bei verdeckten Recherchen. Zunächst kauften sie 9 Tonnen Plastik. Es handelte sich um Folienkunststoffe, hauptsächlich Plastiktüten, die bereits sortiert und gepresst waren. Unter falschem Namen beauftragte die CBC drei große Entsorgungsunternehmen mit dem Recycling des Materials. Die Ballen wurden mit GPS-Trackern der Nonprofit-Organisation Basel Action Network ausgestattet, die den Export von Giftmüll in arme Länder bekämpft und sich auf Mülltracking spezialisiert hat. Die Tracker übermitteln ihre geografischen Koordinaten alle zwei oder drei Minuten durch Klopfen. Von den neun installierten Trackern funktionierten nur sechs, doch zum Glück jeweils zwei pro Entsorgungsfirma.

 **Truck 1**

 **Truck 2**

 **Truck 3**

Die Ballen, die an Unternehmen 1 geschickt wurden (Merlin Plastics), gingen an eine Recyclingfirma, die später bestätigte, dass das Plastik geschreddert, gewaschen, zu Granulat verarbeitet und dann zur Herstellung neuer Kunststoffprodukte weiterverkauft wurde.

Das Plastik, das an Unternehmen 2 ging (Green For Life), wanderte direkt in eine Verbrennungsanlage, die daraus Energie erzeugte. (Zu den Gefahren der Müllverbrennung siehe auch Kap. 2, S. 34–35.) Auf Nachfrage begründete die Firma ihre Entscheidung damit, dass sie den Müll lieber recycelt hätte, aber niemand ihr das Granulat habe abkaufen wollen.

Unternehmen 3 (Waste Connections) behauptete, das Plastik an eine Recyclingfirma zu schicken, kippte es aber auf eine Deponie. Rückfragen von CBC wurden von der Firma nicht beantwortet.

Anders als in vielen anderen Ländern (das betrifft auch Teile der USA) sind in Kanada Entsorgungsfirmen vertraglich dazu verpflichtet, Plastik, das in der blauen Tonne entsorgt wird, zu recyceln. Ausgenommen von dieser Regelung ist enttäuschenderweise Müll, der aus der Industrie, dem Handel oder dem institutionellen Sektor stammt. Vorschläge zur Verbesserung dieser Praxis werden auf S. 58–59 diskutiert.

So lässt sich Recycling verbessern

Wie Sie sehen, ist Recycling mit einigen Problemen verbunden. Dennoch kann es zur Lösung der Plastikmüllkrise beitragen. Welche Verbesserungen hierfür notwendig sind, erfahren Sie im Folgenden.

> Wussten Sie, dass eine typische Chipstüte aus sieben Kunststoffschichten besteht? Diese Schichten voneinander zu trennen wäre so aufwendig, dass sich das Recyceln nicht lohnt.

Herstellung

Hersteller können die Umweltbilanz ihrer Produkte schon im Ansatz verbessern, indem sie dafür sorgen, dass sie sich leichter recyceln lassen – etwa durch die Verwendung reiner Kunststoffe und/oder einen möglichst geringen Anteil unrecycelbarer Materialien.

Hier könnten Gesetzgeber Anreize für nationale oder internationale Abkommen schaffen. So haben über 400 Unternehmen und Organisationen das von der Ellen MacArthur Foundation in Zusammenarbeit mit dem Umweltprogramm der Vereinten Nationen entwickelte ›New Plastics Economy Global Commitment‹ unterzeichnet. Eines seiner Ziele lautet, dass alle Verpackungsmaterialien zu 100 Prozent wiederverwendbar, recycelbar oder kompostierbar sein sollen. Allerdings haben sich die teilnehmenden Unternehmen – die zusammen 20 Prozent des globalen Verpackungsplastiks erzeugen – unterschiedliche Fristen für die Erreichung dieses Ziels gesetzt.

Trauben in einem Plastikkörbchen und einer Pappschachtel des international tätigen Verpackungsherstellers DAS Smith. 2019 wurde DS Smith strategischer Partner der Ellen MacArthur Foundation. Ziel ist die Entwicklung von Verpackungslösungen für eine kreislaufbasierte Wirtschaft.

Eines der größten Probleme im Hinblick auf Recycling besteht darin, dass gegenwärtig über 30 verschiedene Kunststoffe für die Herstellung von Verpackungen verwendet werden. Zurzeit wird an der Entwicklung von »Superplastik« gearbeitet, das sich in jede beliebige Form bringen lässt und alle möglichen Aufgaben erfüllen kann. Solch ein multifunktionaler Kunststoff könnte die Recyclingrate signifikant erhöhen.

Sammeln

Es hat sich gezeigt, dass ein Umdenken in der Politik zu höheren Recyclingquoten führen kann. So geschehen z. B. in US-amerikanischen Bundesstaaten, die Anreize zum Sammeln von Flaschen setzen. In Oregon, wo ein gesetzlich verankertes Pfandsystem existiert, werden 90 Prozent der Getränkebehälter recycelt, mehr als dreimal so viel wie im nationalen Durchschnitt (29 Prozent).

Wie auf Seite 57 dargestellt, müssen Recyclingbetriebe Müll aus dem Handel, der Industrie und dem institutionellen Sektor nur in seltenen Fällen recyceln. Mit entsprechenden Vorschriften zur Haftung ließe sich Druck auf diese privaten Unternehmen und Konzerne ausüben.

Sortieren

Über einen großen Teil des Recyclingprozesses haben Sie als Verbraucherin oder Verbraucher keinerlei Kontrolle. Doch Sie können Ihr Möglichstes tun, indem Sie dafür sorgen, dass Ihr Verpackungsmüll sauber ist, ehe er in die Tonne wandert, und indem Sie sich bei Ihrer Gemeinde informieren, welche Abfälle recycelbar sind und welche nicht. Kommunalverwaltungen könnten Werbekampagnen zur Mülltrennung und Müllverwertung lancieren. 2019 ergab eine Studie, dass Konsumenten wahrscheinlicher zur Teilnahme am Recycling bereit sind, wenn man ihnen sagt, was aus ihrem Müll hergestellt wird.

Auch die Rückkehr zum älteren Multi-Stream-System (der getrennten Sammlung von Papier, Metall und Plastik) wäre eine Lösung, vor allem für Gemeinden mit hohen Kontaminierungsquoten, da es die Verbraucher zu einem bewussteren Umgang mit wiederverwertbarem Müll anregt. Wird alles in dieselbe Tonne geworfen, kommt es zu mehr Fehlwürfen.

Bewohnerinnen und Bewohner von Taipeh werfen ihren wiederverwertbaren Abfall in einen der Müllwagen, die zweimal pro Tag durch die Wohnviertel fahren. Die einstige »Müll-Insel« Taiwan hat sich dank ihres rigorosen Recyclingprogramms in eine der weltweit effizientesten Recyclingnationen verwandelt.

Verarbeiten

Ein Großteil unseres Plastikmülls wird mechanisch recycelt, d. h. geschreddert, geschmolzen und zu Granulat verarbeitet. Wie wir wissen, verändern sich dadurch die Eigenschaften der Kunststoffe, und die Qualität der Polymere leidet. Doch die Wissenschaft arbeitet zunehmend an alternativen, qualitätserhaltenden Methoden zur Wiederaufbereitung recycelbarer Materialien. Beim chemischen Recycling wird Plastik in seine ursprünglichen Bestandteile zerlegt, sodass es theoretisch unendlich oft und ohne Qualitätsverlust recycelt werden kann. In einer Anlage im japanischen Kawasaki werden Plastikabfälle vergast, d. h., in Synthesegase zerlegt (hauptsächlich Wasserstoff und Kohlenmonoxid). Mit dieser Art des chemischen Recyclings kann das Werk jährlich über 63.000 Tonnen Plastik verarbeiten.

Biologisch abbaubares Plastik

Es gibt zwei Hauptalternativen für konventionelles Plastik: Bioplastik und biologisch abbaubares Plastik. Klingt, als sei das dasselbe, ist es aber nicht.

Bioplastik wird aus Biomasse hergestellt, also aus nachwachsenden Rohstoffen (Pflanzen) und organischen Abfällen (z. B. aus Tierresten). Meistens ist es biologisch abbaubar, aber nicht immer. Der am weitesten verbreitete Typ von Bioplastik besteht aus Polyactiden (PLA), die aus den in Maisstärke, Maniok oder Zuckerrohr enthaltenen Kohlenhydraten gewonnen werden. Doch wie verwandelt man Maiskörner in Plastik? Sie werden gemahlen, und anschließend wird das Öl von der Stärke getrennt. Stärke besteht aus vielen Glucosemolekülen, aus denen durch Fermentation Milchsäure gewonnen wird. Aus den Milchsäuremolekülen werden unter Zugabe von Zitronensäure als Katalysator dann lange Polymerketten geformt. PLA gibt es in vielen Formen, und es kann zur Herstellung von Folie, Flaschen, Schaum, Besteck, Kleidung und Autoteilen verwendet werden.

Biologisch abbaubare Kunststoffe sind Kunststoffe, die durch lebende Organismen, in der Regel Mikroben, in ihre Grundbestandteile zerlegt werden können: Wasser, Kohlendioxid und Biomasse. Sie werden manchmal aus Polyactid, häufiger aber aus fossilen Brennstoffen hergestellt. Was sie von konventionellem Plastik unterscheidet, ist die Zugabe von Additiven, die sie biologisch abbaubar macht.

Biologisch abbaubar? Nicht immer

Wenn nun aber ein Gegenstand als biologisch abbaubar gekennzeichnet ist, können wir die Herstellerangabe für bare Münze nehmen? Würde er sich innerhalb weniger Wochen in Staub verwandeln, wenn wir ihn einfach auf der Fensterbank liegen ließen? Um das herauszufinden, führten Wissenschaftlerinnen und Wissenschaftler der University of Plymouth in England eine Reihe von Experimenten durch, für die sie sowohl konventionelle als auch biologisch abbaubare Plastiktüten verwendeten. Einige Tüten vergruben sie für drei Jahre im Boden, andere legten sie für drei Jahre lang unter Wasser. Das Ergebnis? In beiden Settings blieben sowohl die biologisch abbaubaren als auch die konventionellen Tüten (form-)stabil. Noch nach drei Jahren unter der Erde oder unter Wasser hielten die biologisch abbaubaren Tüten einem Gewicht von 2 Kilogramm stand, ohne zu reißen. Das entspricht nicht unbedingt den Erwartungen, die Konsumenten mit dem Label »biologisch abbaubar« verbinden. Denn viele Plastikalternativen sind nur unter bestimmten Bedingungen, die zudem in einer bestimmten Reihenfolge gegeben sein müssen, abbaubar. Darauf werden wir später noch zurückkommen.

> Sogar biologisch abbaubares Plastik zersetzt sich niemals vollständig, lässt sich durch chemisches Recycling aber umwandeln. So haben Wissenschaftler eine Methode zur Umwandlung einiger Kunststoffarten wie Polyethylen und Polypropylen in Naphtha (Rohbenzin) entwickelt.

Plastikfutter für Bakterien

Die meisten Kunststoffe zeichnen sich dadurch aus, dass sie biologisch nicht abbaubar sind. Doch 2016 wurde ein seltenes, Kunststoff vertilgendes Bakterium entdeckt: *Ideonella sakaiensis*. Die Wissenschaft ist nun erpicht darauf, herauszufinden, ob diese Mikroben auch in großem Maßstab einsetzbar sind. Im Moment braucht eine Kolonie Wochen bis Monate, um eine einzelne PET-Flasche zu zersetzen. Das ist im Vergleich zu den Jahrhunderten, die es dauern würde, bis die Flasche sich von alleine aufgelöst hätte, ziemlich rasant, aber eben doch zu langsam für die Industrie. Deshalb arbeitet man an der adaptiven Evolution im Labor: Die Wissenschaftler beobachten, welche Bakterien Kunststoffe am effektivsten zersetzen, und selektieren die besten für die Züchtung der nächsten Generation. Ein weiterer vielversprechender Ansatz dreht sich um ein Enzym, das innerhalb von 10 Stunden bis zu 90 Prozent einer Tonne Plastikflaschen zersetzen kann. Was übrig bleibt, sind die chemischen Grundbestandteile, aus denen sich neues, lebensmittelechtes Plastik herstellen lässt. Diese Entdeckung wurde 2020 publiziert, und die Forschung arbeitet bereits mit Lebensmittel- und Kosmetikkonzernen wie PepsiCo und L'Oréal zusammen.

Trotz dieser Möglichkeiten warnen Experten vor gewissen Risiken. Wenn Plastik fressende Mikroben aus den Laboren entweichen, könnte das Ende unserer von Plastik dominierten Welt nahen.

Wo landet der Müll?

Labels wie »biologisch abbaubar«, »kompostierbar« oder »Bioplastik« können die Entsorgung verkomplizieren. Gehört biologisch abbaubares Plastik in die Komposttonne, in die Recyclingtonne oder in den Restmüll?

Drei Faktoren machen den Umgang mit dieser Art Müll so verwirrend: Erstens sind die Kommunen für die Verarbeitung unterschiedlich gut bzw. schlecht gerüstet; zweitens bestehen biologisch abbaubare Kunststoffe und Bioplastik aus variierenden Bestandteilen, und drittens sind Angaben zur Entsorgung auf den Verpackungen oft unklar oder gar nicht vorhanden. Während eines Musikfestivals in Schweden z. B. servierte ein Caterer Gerichte auf Tellern aus Maisstärke. Das Publikum ging davon aus, dass die Teller sich auf natürliche Weise zersetzen würden (wie die Kerngehäuse von Äpfeln) und warf sie einfach auf den Boden anstatt in die Komposttonne.

Es stimmt, dass einige biobasierte und biologisch abbaubare Kunststoffe sich von alleine zersetzen, wenn sie auf der Erde liegen gelassen oder auf den Komposthaufen geworfen werden, doch die meisten (wie z. B. Teller aus Maisstärke) bauen sich nur unter bestimmten Bedingungen ab, wie sie in industriellen Kompostieranlagen herrschen. Sie müssen außerdem möglicherweise über einen längeren Zeitraum Temperaturen von 57 °C oder mehr ausgesetzt sein. Daraus folgt, dass auch Bioplastik sich nicht zersetzt, wenn es ins Meer gelangt. Entsorgt man solche Plastikalternativen einfach in der Umwelt, ergeben sich dieselben Risiken für das Ökosystem und die Tierwelt wie bei konventionellem Plastik. Obwohl zunehmend alternative Materialien für die Produktion von Kunststoffen zum

Einsatz kommen, werden immer noch 99 Prozent aus fossilen Brennstoffen hergestellt. Mit dieser Zahl im Hinterkopf schrecken Kommunalverwaltungen womöglich vor der Investition in eine angemessene Infrastruktur zurück. Es ist das alte Problem von Henne und Ei: Gäbe es adäquate Verarbeitungsanlagen, würde mehr Bioplastik hergestellt, doch solange nicht mehr Bioplastik produziert wird, werden keine neuen Müllverarbeitungsanlagen gebaut. Ein großer Teil dieses Mülls ist daher bis auf Weiteres über den Restmüll zu entsorgen.

Neue Materialien

Die heute gängigen Biokunststoffe sind sicherlich unzulänglich, doch das heißt nicht, dass wir die Suche nach besseren Lösungen aufgeben sollten. Hier ein paar kreative Alternativen:

Shrilk. Bei diesem Produkt, das im Labor der Harvard University entwickelt wurde, handelt es sich um einen transparenten, billigen Kunststoff aus Chitosan, einer Form von Chitin, die im Panzer von Shrimps vorkommt, und einem aus Insekten gewonnenen Seidenprotein. Shrilk kann für die Herstellung flexibler Folien und fester Formen verwendet werden.

Mycelium. Pilze sind erstaunliche Organismen. Sie bestehen zum großen Teil aus einem komplizierten unterirdischen Geflecht, das Mycel genannt wird. Aus diesem Mycel lässt sich Verpackungsmaterial herstellen. Das US-amerikanische Unternehmen Ecovative züchtet seine Pilzkulturen auf landwirtschaftlichen Abfällen und Holzchips, die nach und nach von einer weißen Matrix aus Pilzfäden durchzogen werden. Dieses Ausgangsmaterial kommt, je nach gewünschter Verpackung, in unterschiedliche Gussformen. Innerhalb von ein paar Tagen verbinden sich Mycel und Substrat zu einem festen »Schaum«, der die Form der jeweiligen Gussform annimmt. Er sieht so ähnlich aus wie stranggepresstes Styropor und ist vollständig biologisch abbaubar.

Wasserkugeln. Stellen Sie sich vor, Sie würden in Wasser hineinbeißen, anstatt es zu trinken. Das Start-up-Unternehmen Skipping Rocks Lab produziert essbare Wasserbehälter in Form kleinerer oder größerer Kugeln, indem es Eiswürfel in Pflanzen- und Algenextrakte taucht (ein Material, das die Firma »Notpla« nennt). Es bildet sich eine Membran, die das Wasser umschließt. Sie nehmen den Wasserball in den Mund, beißen zu, schlucken das Wasser – und wenn Sie

Die beiden Gründer von Ecovative, Gavin McIntyre (links) und Eben Bayer (rechts) mit einigen ihrer Mycelium-Produkte.

mögen, auch die essbare Membran. Würden solche Wasserbälle bei Wettläufen ausgegeben, könnten allein beim New York City Marathon 2,3 Millionen Becher eingespart werden. Die Firma stellt aus demselben Material auch kompostierbare Gewürzbeutel her.

Verbote und Steuern

Von 192 diesbezüglich überprüften Ländern haben fast zwei Drittel (127) irgendein nationales Gesetz zu Einwegplastiktüten erlassen. Dazu gehören Komplettverbote, Teilverbote, Steuern und mehr. Hier einige Beispiele aus der ganzen Welt:

Eine der größten Hürden für die Akzeptanz verpackungsfreier Lebensmittel ist die Trägheit der menschlichen Psyche, die sich nur schwer auf Veränderungen einstellt. So fiel eine essbare Verpackung (WikiCells) für mundgerecht portionierten Frozen Joghurt bei den Konsumenten durch, weil sie es unappetitlich fanden, ein unverpacktes Produkt anzufassen.

In den USA gibt es auf Bundesebene keine Regelungen. Die acht Bundesstaaten Kalifornien, Connecticut, Delaware, Hawaii, Maine, New York, Oregon und Vermont haben auf kommunaler und staatlicher Ebene einige regulatorische Maßnahmen erlassen. In 14 Staaten sind Plastiktüten tatsächlich verboten.

In Norwegen sind die Hersteller für den von ihnen produzierten Plastikmüll zuständig. Wer Plastiktüten auf den Markt bringt, muss das Einsammeln, Sortieren und Recyceln der gebrauchten Tüten finanzieren.

Norwegen

Irland
Siehe Seite 64

United States

Antigua und
Barbuda

Costa Rica
Siehe Seite 65

Madagascar

Fidschi-Inseln

Südafrika
Siehe Seite
64–65

In Antigua und Barbuda ist die Einführung, der Verkauf und die Verwendung von Einkaufstüten aus Plastik verboten. Verstöße werden mit einer Geldstrafe von bis zu 10.000 $ und einer Gefängnisstrafe von bis zu einem Jahr geahndet. In der Landwirtschaft, für Hygienezwecke und als Müllbeutel dürfen bestimmte Plastiktüten genutzt werden.

In 31 Ländern ist die Dicke von Plastiktüten vorgeschrieben. Grund dafür ist, dass sehr dünne Tüten die Sortieranlagen verstopfen und leicht in die Umwelt gelangen. Madagaskar z. B. erlaubt keine Tüten, die dünner sind als 50 Mikrometer – etwa halb so dick wie ein normales Blatt Papier.

Auf den Fidschi-Inseln wird jede Plastiktüte mit 10 Cent besteuert.

Eine Straße in Irlands Hauptstadt Dublin. Überall liegen Plastiktüten und sonstiger Müll herum.

Beispiele aus aller Welt

Drei Beispiele in drei Kontinenten zeigen, wie unterschiedlich Länder mit Verboten und Steuern umgehen. Wie effektiv ihre Strategien sind, erfahren Sie im folgenden Abschnitt.

Irland: Steuererhebung beim Konsumenten

In den 1990er-Jahren war Plastikmüll ein großes Problem in Irland. Irinnen und Iren verbrauchten im Schnitt pro Jahr und Person 328 Plastiktüten, auf die insgesamt 5 Prozent des Verpackungsmülls entfielen. 1998 gab das Department of the Environment, Heritage and Local Government eine Studie in Auftrag, um zu ermitteln, wie viel die Iren pro Plastiktüte zu zahlen bereit waren. 0,024 Euro lautete das Ergebnis. Das Sechsfache dieses Betrags, also rund 15 Cent, wurde als sogenannte Plas Tax (Plastiksteuer) festgelegt. Die Steuer wurde 2002 eingeführt – begleitet von einer großen Medienkampagne, die die positiven Umwelteffekte dieser Maßnahme darlegte. Die Akzeptanz war überwältigend. Innerhalb eines Jahres ging der Verbrauch von Plastiktüten um 90 Prozent bzw. auf 21 Tüten pro Kopf zurück. Plastiktüten machten nur noch 0,22 Prozent des Verpackungsmülls aus.

Im Lauf der Zeit stiegen die Zahlen jedoch wieder, und vier Jahre nach Einführung der Plastiksteuer lag der individuelle Jahresverbrauch schon wieder bei 31 Tüten. Die Regierung reagierte mit einem Gesetz, das eine jährliche Anpassung der Abgabe erlaubte, und erhöhte die Steuer auf 22 Cent pro Tüte. Erneut sank Verbrauch auf 21 Beutel pro Jahr. Dieses Beispiel zeigt, wie wichtig es ist, Strategien zu überprüfen und bedarfsgerecht anzupassen.

Südafrika: Verbote und Steuererhebung beim Produzenten

Ende der 1990er-Jahre gab es so viel Plastikmüll in Südafrika, dass er im Volksmund zur »neuen Nationalblume« erklärt wurde. Dies führte zu einem Verbot von Einwegplastiktüten mit einer Stärke von unter 30 Mikrometern. Zusätzlich wurde Händlern eine Abgabe von 0,03 Dollar pro Tüte aufgebrummt. Die Einkünfte flossen an die Nonprofit-Initiative Buyisa-e-Bag, die sich für Müllvermeidung und Recycling einsetzte.

Inzwischen sind die Kosten für Händler auf 0,08 Dollar pro Tasche gestiegen – was einige von ihnen dazu bewog, ein Vielfaches davon (zwischen 0,35 und 0,75 Dollar) von den Konsumenten zu verlangen. Diese Preissteigerungen hatten den stärksten Effekt auf ärmere Kommunen, deren Bewohner Plastiktüten für den Transport von Waren über große Distanzen verwenden. Doch nach einem anfänglichen Rückgang kehrte der Verbrauch schließlich wieder auf das Ausgangsniveau zurück. Die Nonprofit-Organisation musste schließen, und es stellte sich heraus, dass sie nur 13 Prozent der Abgaben tatsächlich erhalten hatte.

Am Nancite-Strand im Santa-Rosa-Nationalpark in Costa Rica mischt sich Treibholz mit Plastikmüll.

Daraus lässt sich etwas Wichtiges lernen: Veränderungen lassen sich nur unter Einbeziehung der Öffentlichkeit erreichen. Konsumenten und Händler wurden nicht über die Gründe für das Plastiktütenverbot informiert und verhielten sich entsprechend gleichgültig. Auch die Einhaltung von Gesetzen muss überprüft werden. Und die Höhe der Gebühren sollte so festgelegt werden, dass Händler sich zu Verhaltensänderungen genötigt sehen; ansonsten bleiben die Kosten auch weiterhin an den Konsumenten hängen.

Costa Rica: Komplettes Verbot von Einwegtüten

Am Weltumwelttag 2017 kündigte die Regierung von Costa Rica an, Einwegplastik ab 2021 komplett zu verbieten. Bis Mitte 2020 gab es noch kein entsprechendes Gesetz, was die Beurteilung der Maßnahme erschwert, doch das Engagement und die Strategie der Verantwortlichen verlangen Anerkennung. Das Verbot erstreckt sich nicht nur auf Tüten und Flaschen, sondern auch auf Strohhalme, Styroporbehälter, Plastikbesteck und vieles mehr. Alle Einwegartikel sollen durch Artikel ersetzt werden, die innerhalb von sechs Monaten biologisch abbaubar sind. Angesichts der Schwierigkeiten, die bei der Kompostierung solcher Abfälle auftreten (siehe S. 60–62), ist dies ein ehrgeiziges Ziel.

Möglichkeiten zur Verbesserung gesetzlicher Regelungen

Wir Sie sehen, wurde der Verbrauch von Plastik in vielen Ländern reglementiert. Doch wieso gibt es dann noch so viel Plastikmüll? Hier ein paar Vorschläge zur Verbesserung des Müllmanagements.

Plastik über den gesamten Produktionszyklus reglementieren. Auch wenn der Einzelhandel in vielen Ländern Plastiktüten gar nicht mehr oder nur eingeschränkt verkaufen darf, fehlt es an Gesetzen, die das Problem an der Wurzel packen. In China z. B. ist der Import von Plastiktüten zwar verboten, doch es werden immer noch welche hergestellt und exportiert. Damit Verbote greifen, müssen Herstellung, Nutzung, Verteilung, Handel und Entsorgung geregelt werden.

Die Auswirkungen von Teil- und Komplettverboten vergleichen. Die meisten Länder entscheiden sich für Teilverbote anstatt für Komplettverbote, etwa Frankreich, Italien und Indien, wo lediglich die Stärke von

---

Verbote sind nicht immer die Lösung

Für manche Menschen sind Alternativen zu Einwegplastik nicht zugänglich oder praktikabel. Das Gelenk vieler Plastikstrohhalme beispielsweise erleichtert Menschen mit bestimmten Bewegungseinschränkungen das Trinken, während sie sich an Metall- oder Glashalmen verletzen können. Auch sind Alternativen zu Plastik nicht immer umweltfreundlicher. Die Verarbeitung von Holz und die Herstellung von Metall z. B. verbrauchen mehr Ressourcen und sind mit höheren CO_2-Emissionen verbunden. Obwohl Verbote und Steuern zu Verhaltensänderungen beitragen können, sollten wir uns darüber klar sein, dass es in dieser Frage nicht nur Schwarz und Weiß gibt.

Plastiktüten reglementiert ist. Dies kann dazu führen, dass Hersteller Verbote umschiffen.

Anreize für mehr Mehrweg setzen. Verbraucher für die Verwendung wiederwendbarer Gebrauchsgüter zu belohnen ist erfolgversprechender, als sie für die Nutzung von Einwegartikeln zu bestrafen. Für Händler fallen dadurch meist keine Mehrausgaben an.

Säuberungsaktionen

Im Folgenden geht es um innovative Strategien zur Beseitigung von (Plastik-)Müll in den Meeren. Manche Kritiker werden einwenden, dass es nutzlos sei, überhaupt Geld und Energie in solche Aktionen zu stecken, und man »den Hahn« vielmehr »ganz zudrehen« müsse, sodass überhaupt kein Müll mehr in die Umwelt gelangt. Tatsächlich müssen wir unseren Konsum drastisch reduzieren, in ein gutes Müllmanagement investieren und unsere Plastikbesessenheit überwinden. Doch geschätzte 150 Millionen Tonnen Müll treiben bereits im Meer und verursachen unermessliche Schäden an Flora und Fauna. Durch Säuberungsaktionen lässt dieses Problem sich nicht heilen, aber zumindest lindern.

Strandsäuberungen

Seit über 30 Jahren ruft die US-amerikanische Umweltorganisation Ocean Conservancy einmal pro Jahr zum International Coastal Cleanup auf. An den Cleanup Days – jeweils am dritten Samstag im September – sammeln freiwillige Helferinnen und Helfer weltweit Müll an Stränden und Flussufern und dokumentieren, was sie gefunden haben. (Auf kommunaler Ebene lassen sich solche Aktionen natürlich jederzeit organisieren.)

2018 beteiligten sich an der Aktion über eine Million Menschen aus 122 Ländern. Hier die 10 Gegenstände, die damals am häufigsten gefunden wurden:

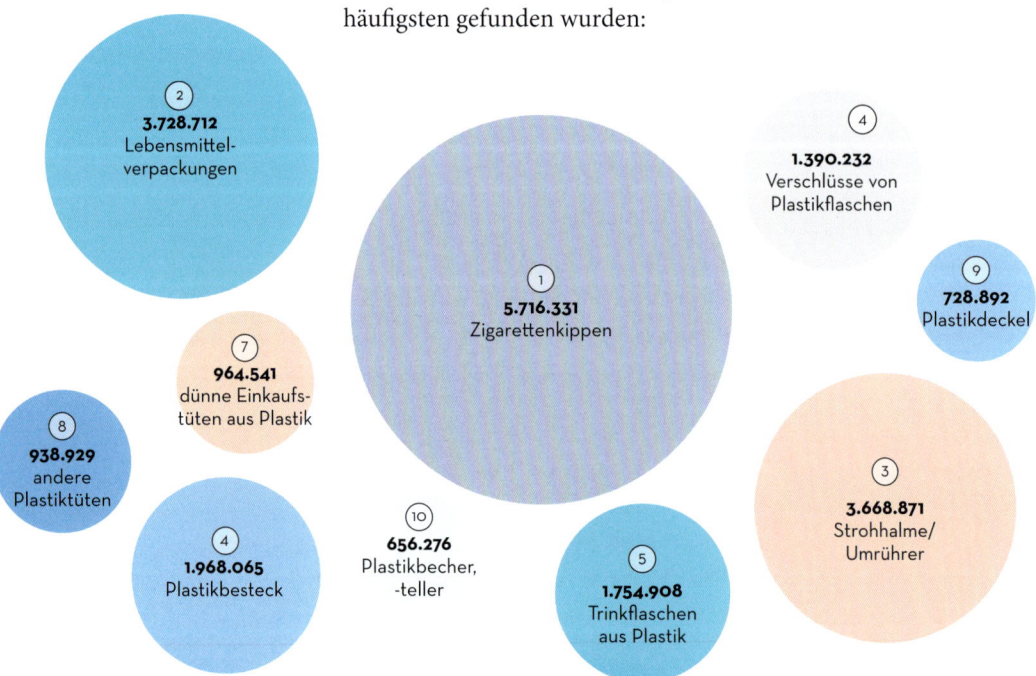

2 3.728.712 Lebensmittelverpackungen

4 1.390.232 Verschlüsse von Plastikflaschen

1 5.716.331 Zigarettenkippen

9 728.892 Plastikdeckel

7 964.541 dünne Einkaufstüten aus Plastik

8 938.929 andere Plastiktüten

4 1.968.065 Plastikbesteck

10 656.276 Plastikbecher, teller

5 1.754.908 Trinkflaschen aus Plastik

3 3.668.871 Strohhalme/ Umrührer

Mr. Trash Wheel wurde 2014 im inneren Hafen von Baltimore aufgestellt, direkt an der Mündung des Jones Falls River.

Bedenkt man, dass 80 Prozent des Plastiks, das im Meer herumschwimmt, an Land entsteht, ist das Aufsammeln von Müll in der eigenen Gemeinde eine sehr gute Möglichkeit zur Reduzierung der Plastikverschmutzung.

Mr. Trash Wheel

Mr. Trash Wheel (sowie der Rest der Trash-Wheel-Familie: Professor Trash Wheel, Captain Trash Wheel und ein bislang namenloses viertes Mitglied) residiert im Hafenbecken von Baltimore im US-amerikanischen Bundesstaat Maryland. Diese 15,2 Meter lange Maschine mit dem Aussehen einer Molluske fischt auf beeindruckende Weise Müll aus dem Fluss und sorgt so dafür, dass kein Plastik mehr ins Meer gelangt.

Mit zwei Schaufelrädern zieht sie den Müll auf ein mit Solar- und Wasserkraft angetriebenes Förderband, das ihn eine Rampe hinauftransportiert und in einen Container kippt. Ist der Container voll, wird der Müll in eine Verbrennungsanlage gebracht und verbrannt. Künftig soll er stattdessen sortiert und recycelt werden.

Bislang hat die Trash-Wheel-Familie 1.230 Tonnen Müll aus dem Hafenbecken geborgen, darunter:

11.714.398 Zigarettenstummel
1.161.782 Schaumstoffbehälter
1.060.924 Plastikflaschen
701.662 Plastiktüten
4.468 Sportbälle
ein kleines Fass
eine Gitarre
einen Python

Gegenwärtig ist geplant, Trash Wheels auch in anderen amerikanischen Städten zu installieren, darunter Newport Beach in Kalifornien, Brunswick in Georgia und Milwaukee in Wisconsin.

Seabin

Ein Seabin ist so etwas wie ein Unterwasser-Mülleimer. Er treibt mit den Gezeiten auf dem Meer und wird mit einer Pumpe betrieben, die das Wasser von oben ansaugt und den Müll in einen Auffangsack zieht. Das saubere Wasser wird ins Meer zurückgepumpt, der Abfall bleibt im Sack. Ein Seabin kann bis zu 20 Kilogramm Müll auffangen, darunter auch Mikroplastik ab 2 Millimetern. Falls erforderlich, wird der Sack täglich mehrfach gewechselt. Weltweit sind inzwischen 860 Seabins im Einsatz, die pro Tag 3.612,8 Kilogramm Müll aus dem Meer fischen. Als dieser Text entstand, waren es insgesamt schon über 800.000 Kilogramm.

Ocean Cleanup

Das Ocean-Cleanup-System 001/B testet im Pazifischen Ozean eine neue Methode zum Einsammeln von Plastikmüll.

Ocean Cleanup ist eine Umweltorganisation, die sich das ehrgeizige Ziel gesetzt hat, 90 Prozent des Meeresplastiks aus den Ozeanen zu entfernen. Zunächst installierte sie im großen pazifischen Müllteppich – dem Ort mit der größten Dichte von Meeresplastik – ein Halbrund aus gigantischen schwimmenden Röhren, von denen ein großer Schirm herabhängt. Die Röhren sollen mit der Strömung durch den Strudel treiben und dabei Müll abfischen – sowohl größere Plastikteile, die an der Wasseroberfläche treiben, als auch kleinere Partikel unter Wasser.

Schluss mit Geisternetzen

Geisternetze, also Fischernetze, die herrenlos im Meer treiben, sind für den Tod vieler Fische und anderer Meerestiere verantwortlich, die sich in ihnen verfangen. Netze mit einem geschätzten Gesamtgewicht von 800.000 Tonnen sind bislang in Stürmen verloren gegangen, haben sich in Korallenriffen oder in Fischfallen auf dem Meeresgrund verfangen. Sie bestehen aus stabilen Kunststofffasern und können deshalb über Jahrhunderte hinweg Schaden anrichten. Es gibt mehrere Lösungsmöglichkeiten für dieses Problem. Man könnte Fischereiunternehmen oder Personen mit entsprechenden Anreizen dazu motivieren, verlorene Ausrüstung zu melden, Sammelanlagen für alte Netze in Häfen installieren und neue Netze mit GPS-Trackern ausrüsten, sodass sie bei Verlust leicht aufzuspüren sind und geborgen werden können.

Wer ist schuld am Müll?

Wir sind uns alle einig, dass Müll von Übel ist, doch wussten Sie, dass auch Kampagnen zur Müllvermeidung nicht immer moralisch einwandfrei sind? In den 1950er-Jahren begannen die Menschen wie der Teufel zu konsumieren, zum Teil, weil Plastik so praktisch und so leicht zugänglich war. Das führte zu einer rasant steigenden Umweltverschmutzung. Unter öffentlichem Druck begannen die Gesetzgeber in den USA sich darüber Gedanken zu machen, wie sie die Hersteller, insbesondere die Verpackungsindustrie, zur Verantwortung ziehen und dazu bringen konnten, weniger Ramsch zu produzieren.

Entsprechende Gesetzesänderungen hätten die Profite dieser Hersteller allerdings drastisch gemindert. Die Unternehmen liefen daher Sturm gegen die Pläne der Regierung und versuchten mit allen Mitteln, ihre Interessen durchzusetzen. Um das eigene Image aufzupolieren und Verantwortung von sich abzuwälzen, taten sich führende Hersteller, unter ihnen Coca-Cola und die Dixie Cup Company, zusammen, und schmiedeten einen Plan. Das Ergebnis: »Keep America Beautiful«,

Die »Keep America Beautiful«-Kampagne mit dem berühmt gewordenen »weinenden Indianer« – gespielt von dem italienischstämmigen Schauspieler Iron Eyes Cody –, der angesichts der verschmutzten Landschaft eine einzige Träne vergießt.

eine Medienkampagne gegen die Umweltverschmutzung. Allerdings prangerte die Initiative nicht etwa das Verhalten von Unternehmen, sondern das der Verbraucherinnen und Verbraucher an. Die Schuld am wachsenden Müllproblem wurde einfach ihnen in die Schuhe geschoben.

Inzwischen gibt es in den USA mehrere Gesetze zur Müllvermeidung. Von den Regelungen betroffen sind praktisch nur die Konsumenten, nicht aber die Verpackungsindustrie.

Obwohl zu Beginn einiges schiefging und die ersten Versuche scheiterten, sammelt das Gerät seit Oktober 2019 erfolgreich Plastik ein.

Das Ocean-Cleanup-Projekt ist nicht unumstritten. Unter anderem wird kritisiert, dass das Auffangsystem Meerestiere gefährden könnte. Damit das Projekt ein Erfolg wird, muss es kontinuierlich überwacht und bei Bedarf modifiziert werden.

Kreislaufwirtschaft

91 Prozent der Weltwirtschaft folgen dem linearen Modell, also dem Prinzip »Nehmen, herstellen, wegwerfen.« Wir »nehmen« Ressourcen wie fossile Brennstoffe, stellen daraus Kunststoffprodukte her und entsorgen sie auf der Mülldeponie. Dieses Modell gilt weithin als das einfachste und billigste, doch diese Annahme fußt auf zwei falschen Voraussetzungen:

1.   **Die Ressourcen sind unerschöpflich.**
2.   **Es ist unbegrenzt Raum für Müll vorhanden.**

Doch es gibt eine Alternative: die Kreislaufwirtschaft. Dieses Modell basiert weitgehend auf den Grundsätzen der Müllvermeidung (siehe S. 48), bezieht aber auch die Unternehmensebene ein. Hier einige Beispiele.

Kleiderbügel

Braiform gehört zu den weltweit größten Herstellern von Kleiderbügeln, doch anders als bei anderen Unternehmen werden 80 Prozent der Bügel wiederverwendet. 2014 waren das 430 von 540 Millionen eingesammelten Bügeln. Der Ausschuss, der für die Wiederverwendung zu stark beschädigt war, wurde geschreddert und zu neuen Bügeln verarbeitet. Auf diese Weise entstanden bei Braiform 30 Millionen Kleiderbügel aus der eigenen Abfallkette.

Loop liefert Waren in wiederverwendbaren Behältern und einer langlebigen Tasche aus, um Einwegverpackungen wie Pappkartons, Luftpolsterfolie und Wegwerfbecher zu sparen.

Das »Milchmann«-Modell

Ein neuer Lieferservice namens Loop versucht in Kooperation mit den Herstellern bestimmter Marken das alte »Milchmann«-Modell wiederzubeleben. Anstatt im Laden z. B. Eiscreme in Bechern zu kaufen, die später weggeworfen werden, können Sie Eiscreme bei Loop in wiederverwendbaren Behältern bestellen. Das Unternehmen liefert die bestellte Ware direkt nach Hause. Ist der Behälter leer, wird er vor die Haustür gestellt und wieder abgeholt, gespült und neu befüllt. Loop hat ein breit gefächertes Sortiment, zu dem auch Shampoo, Olivenöl und Waschmittel gehören.

Unverpackt-Läden

Unverpackt-Läden gibt es inzwischen rund um den Globus. Kundinnen und Kunden bringen ihre eigenen Flaschen, Dosen oder sonstigen Behälter in die Geschäfte mit, wo sie zuerst gewogen und dann mit losem Getreide, Gewürzen, Öl, Obst und Gemüse, Milch, Kosmetika oder Fleisch gefüllt werden. Hat man sich erst einmal an dieses Vorgehen gewöhnt, wird es schnell zur Routine. Wenn es in Ihrer Nähe keinen Unverpackt-Laden gibt, fragen Sie einfach Ihren örtlichen Lebensmittelhändler, ob Sie Ihre eigenen Behälter für einen Teil Ihrer Einkäufe mitbringen können. An der Käse-, Wurst- oder Fleischtheke ist das sicher kein Problem.

Secondhandwaren

Haben Sie je vom Kauf eines gebrauchten Gegenstands abgesehen, weil Sie nicht wussten, ob die Qualität stimmt und die üblichen Sicherheitsstandards eingehalten werden?

Unverpackt-Läden sind eine wachsende Branche. Besonders in Städten sind die Verbraucher dankbar und auf der Suche nach verantwortungsvollen Konsum-Alternativen.

In Schottland gib es jetzt ein Qualitätssicherungsprogramm speziell für Secondhandläden. Die Händler werden zunächst von Testkäufern einer gemeinnützigen Organisation namens Revolve Reuse aufgesucht, anschließend geschult und zur Einhaltung bestimmter Qualitäts- und Sicherheitsstandards verpflichtet, ehe sie eine Zertifizierung erhalten. Dank dieser Zertifizierung konnten schon 30 Läden mit »Revolve«-Standard und 20 weitere, die an ihrer Akkreditierung arbeiten, ihre Verkaufszahlen steigern.

***

Wie Sie sehen, ist eine perfekte Lösung für das Plastikproblem bislang nicht in Sicht. Einzelne Maßnahmen bringen nicht viel; um effektiv zu sein, müssen sie zusammen angewandt und von der Zivilgesellschaft unterstützt werden. Wenn Bürgerinnen und Bürger informiert werden, warum bestimmte politische Maßnahmen und Verhaltensänderungen notwendig sind, wird das letztlich zu besseren Ergebnissen führen.

In den nächsten beiden Kapiteln geht es um Plastikwaren, die aus unserem Alltag nicht mehr wegzudenken sind, und um die Frage, wie wir uns unseren Plastikkonsum bewusst machen und dann reduzieren können.

Kapitel 4

Langfristig genutztes Plastik

Manche Gegenstände zu Hause oder am Arbeitsplatz, die (zumindest teilweise) aus Plastik bestehen, begleiten uns das ganze Leben, z. B. ein Lieblingsspielzeug oder ein Auto. Immer häufiger jedoch entsorgen wir solche Dinge zugunsten der neuesten Modelle, anstatt sie zu reparieren oder uns mit dem zu begnügen, was wir haben. Dieses Kapitel handelt von Kunststoffgegenständen, die wir über längere Zeiträume nutzen.

Darüber hinaus geht es um die Frage, wie wir unseren Umgang mit Plastik verändern können, sowie um alternative Materialien und Waren. Die Vorzüge dieser Alternativen werden kritisch hinterfragt. Obwohl manche Materialien dem Anschein nach ökologischer sind als Plastik, trifft das nicht zwangsläufig zu. Bei Autos z. B. sorgt Kunststoff für ein geringeres Gewicht und folglich für eine höhere Treibstoffeffizienz. Und während viele der besprochenen Alternativen signifikant zur Verringerung des Plastik-Fußabdrucks beitragen, können andere mit Fug und Recht als »Greenwashing« bezeichnet werden und verursachen mehr Müll.

> Der Begriff »Greenwashing« wurde 1986 erfunden. Er beschreibt eine Marketingtechnik, die Produkte als umweltfreundlicher oder »grüner« darstellt, als sie tatsächlich sind.

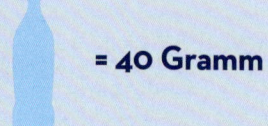
Plastik ersetzen: Ein paar Grundregeln

Wenn Sie einen Gegenstand ersetzen möchten, denken Sie über folgende Alternativen bzw. Möglichkeiten nach, ehe Sie sich etwas Neues anschaffen.

Qualität zahlt sich aus. Ein gut verarbeiteter Gegenstand mit einer langen Lebensdauer ist oft eine bessere Wahl als ein günstiges, minderwertiges Äquivalent, das schnell kaputtgeht.

Reparieren lohnt sich. Ehe Sie einen Artikel in den Müll werfen, überlegen Sie, ob er sich reparieren oder für andere Zwecke verwenden lässt.

Kaufen Sie secondhand. Dadurch lässt sich eine Menge Müll vermeiden, und Waren bleiben im Wirtschaftskreislauf, anstatt auf der Deponie zu landen.

Leihen statt kaufen. Auch auf diese Weise können Sie Ihren Konsum verringern. Anstatt ein bestimmtes Werkzeug für den Bau eines Schreibtischs oder ein neues Kleid für den Besuch einer Hochzeitsfeier zu kaufen, fragen Sie im Freundeskreis, ob jemand Ihnen das Gewünschte ausleihen kann.

Lassen Sie sich Zeit. Ehe Sie eine Kaufentscheidung treffen, denken Sie darüber nach, ob Sie den betreffenden Gegenstand wirklich brauchen.

Autos

Autos bringen uns von A nach B und können als Statussymbole identitätsstiftend sein. Laut einer Erhebung von 2021 befindet sich in über 83 Prozent der gut 40.000 deutschen Haushalte mindestens ein Auto – rund 3,24 Millionen Personen leben gar mit 3 oder mehr Pkw im Haushalt. 2022 war sogar ein Rekordjahr: rund 48,54 Millionen Fahrzeuge waren in der Bundesrepublik am 1. Januar gemeldet – der höchste Wert aller Zeiten. Seit den 1950er-Jahren bestehen Autos zunehmend aus Kunststoff. Ein durchschnittlicher amerikanischer Wagen enthält heutzutage rund 200 Kilogramm Plastik. Das sind etwa 11 Prozent des Gesamtgewichts (1.800 Kilogramm).

Weil Glas zunehmend durch Kunststoff ersetzt wird, ist davon auszugehen, dass der Kunststoffanteil von Autos steigen wird. Fast alle Front- und Heckscheinwerfer – und bald sicher auch sämtliche Scheiben – bestehen inzwischen aus Polycarbonat (PC).

Im Lauf seines Lebens besitzt ein Durchschnittsdeutscher **8 bis 9 Autos**.

=

Das entspricht **1.700 Kilogramm Plastik** bzw. dem Gewicht von **42.500 leeren 2-Liter-Flaschen**.

Was sind Carbonfasern?

Carbonfasern sind winzige Fasern, die vollständig aus Kohlenstoffatomen bestehen. Ihr Durchmesser beträgt 5 bis 10 Mikrometer – das ist dünner als ein menschliches Haar. Carbonfasern sind sehr leicht und extrem fest. Sie können mit Kunststoff zu sogenannten Carbonfaser-Verbundwerkstoffen oder Kohlefaser-Verbundstoffen verarbeitet werden, also zu Polymeren, die mit Kohlenstofffasern verstärkt sind. Dank des ausgezeichneten Stärke-Gewicht-Verhältnisses der Carbonfasern sind solche Polymere ein ideales Material für die Luft- und Raumfahrt. Die Herstellung ist noch sehr teuer, doch mit verbesserter Technologie und sinkenden Preisen werden diese Materialien auch für die Autoindustrie interessant.

Ein Luxussportwagen mit einer Stoßstange aus Carbonfasern.

Einige Hersteller von Luxuswagen sind bereits dazu übergegangen, Karosserien nicht mehr aus Stahl, sondern aus einem Carbonfaser-Verbundwerkstoff zu fertigen. Analysten sagen voraus, dass die Verwendung dieses Materials bis 2030 um 280 Prozent steigen wird.

Warum Kunststoff?

Kunststoff ist billig herzustellen, unglaublich robust und sehr leicht. Für die Autoindustrie ist er vor allem wegen seiner Leichtigkeit attraktiv. Weniger Masse bedeutet eine höhere Treibstoffeffizienz und folglich einen geringeren Ausstoß von Treibhausgasen. In der Tat kann eine Gewichtsreduktion um 100 Kilogramm die CO_2-Emissionen von Benzinern um 8 Gramm/Kilometer senken.

Obwohl Kunststoff gezielt zur Gewichtsreduktion eingesetzt wird, werden Autos nicht etwa leichter – im Gegenteil: Sie werden immer größer und schwerer. 1987 enthielt ein Auto wesentlich weniger Kunststoff, wog aber durchschnittlich »nur« 1.461 Kilogramm,

	Ford Escort (1987)	Ford Focus (2019)
Länge	4,3 Meter	5,3 Meter
Breite	1,7 Meter	2 Meter
Höhe	1,4 Meter	1,9 Meter
Gewicht	1.017 Kilogramm	1.846 Kilogramm
Gewicht/Volumen	99,4 kg/m³	91,7 kg/m³

also 353 Kilogramm weniger als ein Durchschnittswagen von heute. Die Tabelle unten veranschaulicht diesen Trend anhand der beiden Automarken, die 1987 und 2019 in den USA am populärsten waren.

Aus der Tabelle wird auch ersichtlich, dass der zunehmende Anteil an Kunststoff den Bau größerer Autos mit einem im Verhältnis zum Volumen geringeren Gewichtszuwachs erlaubt.

Ein weiterer Grund für die zunehmende Verwendung von Kunststoff in der Automobilindustrie ist seine Recycelbarkeit. Kraftfahrzeuge, die innerhalb der EU hergestellt werden, enthalten durchschnittlich 16 Prozent Kunststoff, denn laut Gesetzgeber müssen sie sich leicht zerlegen lassen, und mindestens 95 Prozent des durchschnittlichen Fahrzeuggewichts pro Jahr müssen wiederverwendet oder recycelt werden können. Deshalb werden viele Teile aus Thermoplasten gefertigt, die sich einfach einschmelzen und umformen lassen.

Kunststoffe, die in Autos verbaut werden:

Acrylnitril-Butadien-Styrol (ABS)
Acrylnitril-Styrol-Acrylester (ASA)
Hochdichtes Polyethylen (HDPE)
Polyamid (PA)
Polybutylenterephthalat (PBT)
Polycarbonat (PC)
Polyethylen (PE)
Polyethylenterephthalat (PET)
Polymethylmethacrylat (PMMA)
Polyoxymethylene (POM)
Polyphenylenether (PPE)
Polypropylen (PP)
Polystyrol (PS)
Polyurethan (PUR)
Polyvenylchlorid (PVC)
Styrol-Maleinsäureanhydrid (SMA)
Ungesättigte Polyesterharze (UP)

Wo steckt der Kunststoff?

Die einzelnen Wagenmodelle enthalten oft viele verschiedene Kunststoffe, vor allem aber die folgenden drei, die insgesamt 65 Prozent ausmachen:
32 Prozent Polypropylen (PP)
17 Prozent Polyurethan (PUR)
16 Prozent Polyvinylchlorid (PVC)

Die Abbildung zeigt, welche Kunststoffarten wo in einem durchschnittlichen Pkw verbaut sind.

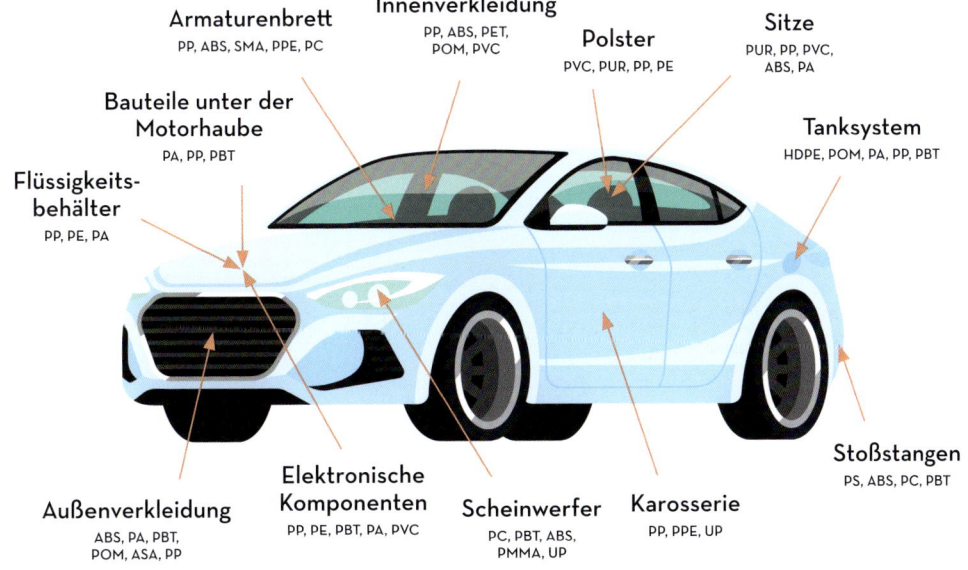

Alternative: Gebrauchtwagen und Carsharing

Obwohl Kunststoffe so problematisch sind, ist es durchaus sinnvoll, sie in Kraftfahrzeugen einzusetzen. Schließlich werden Autos jahrelang genutzt und vor dem Verschrotten häufig ausgeschlachtet. Der Schrott wird wiederverwendet oder recycelt. Doch Entwickler haben inzwischen andere Leichtmaterialien kreiert, die die Kunststoffe eines Tages ersetzen könnten.

Der eigene Plastik-Fußabdruck im Bereich Mobilität lässt sich am besten reduzieren, indem man weniger Autos kauft. Natürlich muss ein alter Wagen irgendwann ersetzt werden, aber wann? Wenn Rost die Karosserie zerfrisst, ein Auto selbst nach zig Reparaturen immer wieder streikt oder in einen schweren Unfall verwickelt war, sollte man sich aus Sicherheitsgründen von ihm trennen. Ist der Wagen noch in Ordnung, spricht eigentlich nichts dagegen, ihn noch ein wenig länger zu fahren. Ist es Zeit, ihn auszutauschen, erwägen Sie den Kauf eines Gebrauchtwagens – oder suchen in Ihrer Umgebung nach Möglichkeiten des Carsharings, also des Nutzuens von Autos in einen Gemeinschaft. In Großstädten seit langem gang und gäbe, entdecken inzwischen auch viele kleinere Gemeinden diese Möglichkeit der Umwelt- und Resourcenschonung für sich und ihre Bewohner.

Elektronik

Weltweit werfen wir pro Jahr etwa 45 Millionen Tonnen Elektro- oder »E-Schrott« in den Müll. Das entspricht der Ladung von über einer Million Schwerlastern. Und die Zahlen steigen weiter. Bis 2030 wird die Erzeugung von knapp 75 Millionen Tonnen E-Schrott prognostiziert.

Kunststoff ist aus Elektrogeräten nicht mehr wegzudenken, denn es macht sie leichter und kleiner. Dennoch beträgt sein Anteil an ihrem Gewicht nur etwa 17 Prozent.

Laut neueren Studien besitzen 96 Prozent der US-Amerikanerinnen und -Amerikaner ein Mobiltelefon und 81 Prozent ein Smartphone. Das sind 35 Prozent mehr als 2011. Drei Viertel der US-Bevölkerung haben entweder einen Laptop oder einen Desktop-Computer, wobei die Laptop-Besitzer in der Mehrheit sind. Die Hälfte besitzt ein Tablet, die Hälfte einen E-Reader. Da Laptops und Smartphones so populär sind, sei ihnen im Folgenden besondere Aufmerksamkeit geschenkt.

Elektroschrott

Ob wir unsere Elektrogeräte entsorgen, weil sie kaputt sind, oder einfach, weil wir scharf sind auf das neueste Modell – der meiste E-Schrott landet auf der Müllkippe. Laut einem Bericht der Vereinten Nationen werden 80 Prozent des Elektroschrotts auf Deponien oder in Verbrennungsanlagen entsorgt. Das Volumen wächst um ca. 40 Prozent jährlich. Nur 15 bis 25 Prozent der ausgemusterten Elektrogeräte weltweit werden recycelt oder wiederverwendet. In den Vereinigten Staaten macht Elektroschrott nur etwa 2 Prozent des Deponiemülls aus, enthält aber 70 Prozent der Gefahrstoffe, die auf Müllkippen gefunden werden.

Laptops

Es ist schwierig, die Haltbarkeit von Laptops zu beurteilen, denn sie werden oft weggeworfen, obwohl sie noch funktionieren. Ein Durchschnittskonsument, eine Durchschnittskonsumentin kauf alle drei bis fünf Jahre einen neuen Computer. Auch bei Laptops gibt es unterschiedliche Gewichtsklassen: Manche wiegen unter 1.000 Gramm, andere bringen fast 4 Kilos auf die Waage. Geht man davon aus, dass ein Laptop durchschnittlich vier Jahre lang benutzt wird, man seinen ersten Laptop mit 16 bekommt und 80 Jahre alt wird, besitzt man im Lauf seines Lebens etwa 16 Laptops. Liegt der Kunststoffanteil bei 17 Prozent, enthält ein Laptop mit einem Durchschnittsgewicht von 2,5 Kilogramm insgesamt 425 Gramm Plastik.

Ein Durchschnittskonsument besitzt im Lauf seines Lebens **16 Laptops**.

=

Das entspricht **6,8 Kilogramm Kunststoff** oder dem Gewicht von **170 leeren 2-Liter-Flaschen**.

Wo steckt der Kunststoff?

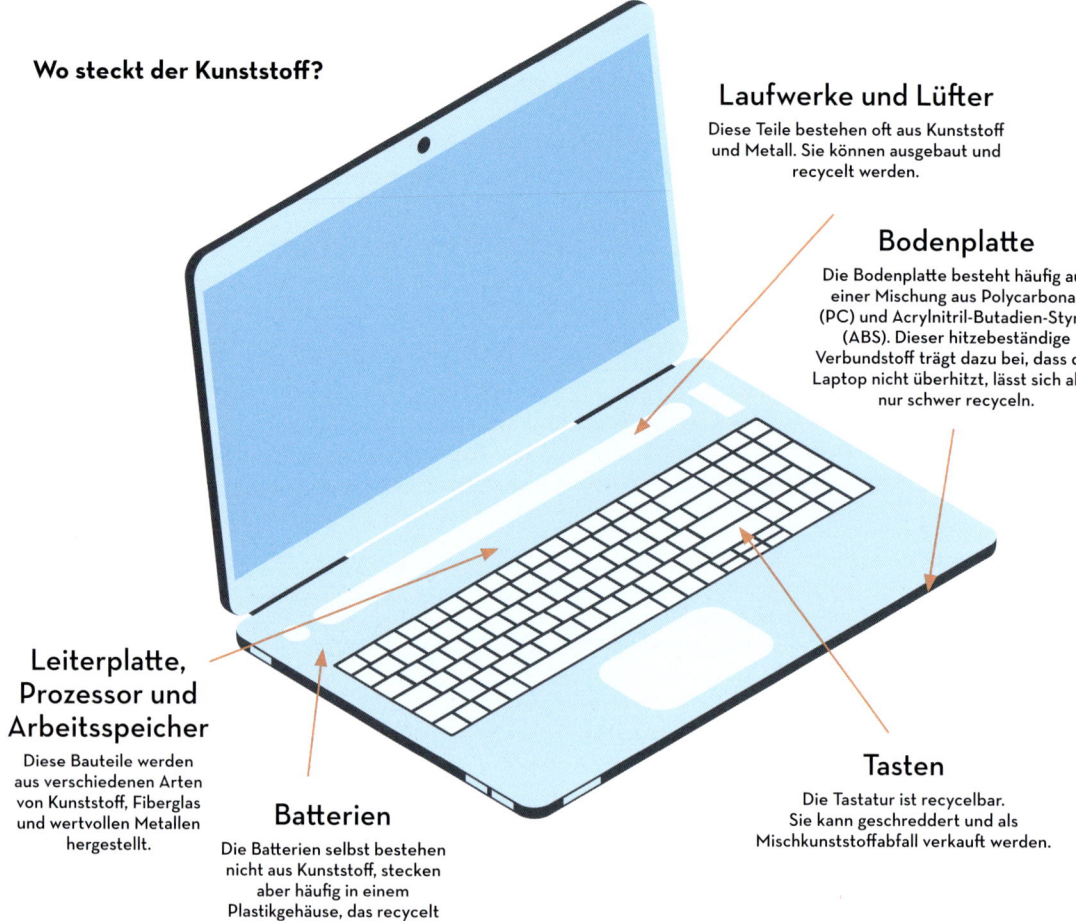

Laufwerke und Lüfter

Diese Teile bestehen oft aus Kunststoff und Metall. Sie können ausgebaut und recycelt werden.

Bodenplatte

Die Bodenplatte besteht häufig aus einer Mischung aus Polycarbonat (PC) und Acrylnitril-Butadien-Styrol (ABS). Dieser hitzebeständige Verbundstoff trägt dazu bei, dass der Laptop nicht überhitzt, lässt sich aber nur schwer recyceln.

Leiterplatte, Prozessor und Arbeitsspeicher

Diese Bauteile werden aus verschiedenen Arten von Kunststoff, Fiberglas und wertvollen Metallen hergestellt.

Batterien

Die Batterien selbst bestehen nicht aus Kunststoff, stecken aber häufig in einem Plastikgehäuse, das recycelt werden kann.

Tasten

Die Tastatur ist recycelbar. Sie kann geschreddert und als Mischkunststoffabfall verkauft werden.

Lohnt sich die Anschaffung eines neuen, energieeffizienten Laptops?

Stellen Sie sich dieses Szenario vor: Ihr aktueller Laptop ist drei Jahre alt und noch voll funktionstüchtig, doch Sie haben im Internet oder in einem Laden ein elegantes, energieeffizientes neues Modell entdeckt. Könnten Sie Ihren CO_2-Ausstoß mithilfe dieses Laptops senken? Sollten Sie ihn kaufen?

Eine Studie des Öko-Instituts ergab vor nicht allzu langer Zeit, dass die meisten Emissionen, nämlich 56 Prozent, bei der Herstellung der Laptops entstehen. Wenn Sie Ihren Laptop fünf Jahre lang nutzen, entfallen 215 Kilogramm CO_2 auf die Herstellung, aber nur 138 Kilogramm auf die Nutzung. Kaufen Sie einen neuen, um 10 Prozent energieeffizienteren Laptop, müssten Sie ihn 41 Jahre lang verwenden, um die Emissionen, die durch Herstellung, Vertrieb und Entsorgung entstehen, wettzumachen. Darüber hinaus ist die Herstellung von Laptops sehr energieintensiv: Um das für einen einzigen Laptop benötigte Reinaluminium zu gewinnen, müssen ca. 50.000 Liter Wasser durch ein Wasserkraftwerk geleitet werden.

Alternativen: Behalten Sie Ihren Laptop!

Der durch Laptops verursachte Plastikmüll lässt sich reduzieren, wenn man sie länger als die üblichen drei oder vier Jahre verwendet. Dafür sollte man sein Gerät regelmäßig warten lassen. Staub kann die Lüftungsschlitze verstopfen, sodass der Laptop leicht überhitzt und die Hardware beschädigt wird. Zudem läuft dann der Lüfter ständig auf Hochtouren, wodurch der Akku schneller leer wird. Durch regelmäßiges Reinigen und das Entfernen von Staub lässt sich die Leistung des Laptops verbessern.

Modulare Laptops sind eine gute Alternative, wenn eine Neuanschaffung ins Haus steht: Sie lassen sich erweitern, und Einzelteile können ausgetauscht werden. So müssen Sie im Falle des Falles nicht gleich das komplette Gerät entsorgen.

In Deutschland können alte Elektrogeräte kostenlos bei kommunalen Sammelstellen und unter bestimmten Voraussetzungen auch beim Händler abgegeben werden.

Computer von Dell

Die meisten Laptops landen auf der Deponie, doch manche Hersteller entwickeln innovative Recyclingmethoden, die zeigen, wohin die Reise gehen kann. Die Firma Dell Technologies beispielsweise nimmt alte Laptops zurück und überführt sie in ihr Recyclingprogramm. Seit 2014 hat Dell bereits mehr als 125 Produkte mit recyceltem Plastik hergestellt. Darüber hinaus experimentiert das Unternehmen mit Verpackungsmaterial, das komplett aus recyceltem Kunststoff besteht – und zwar zu 25 Prozent aus Meeresplastik.

Smartphones

Die kleinen Computer, die in modernen Smartphones verbaut werden, sind leistungsstärker als die Computer, die für die frühen Mondlandungen eingesetzt wurden, und doch behandeln wir Handys als Wegwerfware. In den USA landen täglich 416.000 Mobiltelefone bzw. annähernd 152 Millionen jährlich im Müll. HYLA Mobile, ein Unternehmen, das Mobilgeräte in Zahlung nimmt, beziffert das durchschnittliche Alter eingereichter iPhones auf 2,92 Jahre. Kinder erhalten ihr erstes Smartphone durchschnittlich mit 10 Jahren. Ein Konsument, der 80 Jahre alt wird, besitzt im Lauf seines Lebens also durchschnittlich 24 Smartphones.

2019 war das populärste Smartphone-Modell das iPhone XR. Es wiegt 194 Gramm. Die technischen Daten zum Kunststoffanteil dieses Smartphones sind bislang nicht veröffentlicht worden, doch wenn man davon ausgeht, dass Kunststoff bei Elektrogeräten durchschnittlich 17 Prozent ihrer Masse ausmacht, enthält jedes iPhone 33 Gramm Plastik.

Im Lauf ihres Lebens besitzen Durchschnittskonsumentinnen und -konsumenten **24 Smartphones.**

=

Das entspricht 792 Gramm Plastik oder dem Gewicht von fast **20 leeren 2-Liter-Flaschen**.

Alternative: Gebrauchte Smartphones

Wie der Smartphone-Markt selbst wächst auch der Markt für Gebrauchthandys. Für das Jahr 2020 z. B. wurde der Wert gebrauchter Smartphones auf etwa 30 Milliarden Dollar geschätzt. Durch den Kauf von Secondhand-Handys lässt sich nicht nur die Menge des auf Mülldeponien entsorgten Elektroschrotts reduzieren, sondern auch Geld sparen.

Wer ein gebrauchtes Smartphone erwerben möchte, sollte einige Dinge beachten. Wenn Sie von einer Privatperson kaufen, entweder direkt oder über einen Onlinemarktplatz wie ebay, erhalten Sie die Ware zwischen 20 und 90 Prozent preiswerter, gehen aber ein gewisses Risiko ein. Wenn Sie Ihr Gerät bei einem autorisierten und zertifizierten Händler erwerben, zahlen Sie mehr, können sich aber in der Regel darauf verlassen, dass es gewartet und funktionstüchtig ist. Unter Umständen erhalten Sie sogar eine Garantie. Inzwischen verkaufen immer mehr Hersteller, darunter auch Apple und Samsung, generalüberholte Smartphones.

Warum nicht reparieren?

Es scheint auf der Hand zu liegen, dass man seine Geräte pfleglich behandeln und bei Bedarf reparieren lassen sollte, um E-Schrott zu vermeiden. Doch leider stellen manche Hersteller sich quer. Apple z. B. verkaufte 2018 217 Millionen iPhones, verweigert Kunden oder unabhängigen Betrieben aber den Zugang zu Ersatzteilen, Werkzeugen oder Anleitungen. Das Unternehmen verwendet spezielle Schrauben, die nur im Apple Store geöffnet werden können, und hat MacBooks sogar mit einem Chip ausgestattet, der erkennt, wenn nicht autorisierte Techniker Hand anlegen, und den Zugriff sperrt. Apple ist mit Sicherheit nicht das einzige Unternehmen, das Reparaturen erschwert und die Preise dafür in die Höhe treibt. Um sich Unannehmlichkeiten zu ersparen, greifen Konsumentinnen und Konsumenten daher oft lieber zu einem neuen Gerät.

Ein weiteres Mittel, das Hersteller einsetzen, um Reparaturen unattraktiv zu machen, ist die sogenannte geplante Obsoleszenz bzw. der geplante Verschleiß: Die Lebensdauer eines Produkts wird künstlich begrenzt, sodass es entweder schnell veraltet oder kaputtgeht. Ein Beispiel für diese Praxis sind Software-Updates, die nur mit einem neueren Gerät kompatibel sind.

Welche Gefahren beim Recycling von Elektroschrott drohen

Wir kaufen immer mehr Elektrogeräte, von denen nur ein Bruchteil recycelt wird. Doch was geschieht dabei mit den Geräten? Immerhin sind sie eine regelrechte Goldmine, und zwar im wahrsten Sinne des Wortes. Eine Tonne E-Schrott enthält mehr Gold als 7 Tonnen Golderz. Dazu kommen eine Reihe anderer wertvoller Metalle wie Silber, Palladium, Platin, Aluminium und Kupfer. 2016 hätte man Materialien zu einem geschätzten Wert von 55 Milliarden Dollar aus Elektroschrott gewinnen können – mehr als das Bruttoinlandsprodukt der meisten Länder der Welt.

In Accra, Ghana, verbrennen junge Männer Kabel von Computern und anderen Elektrogeräten, um das in ihnen enthaltene Kupfer zu gewinnen.

Leider ist die Gewinnung dieser mineralischen Rohstoffe aufwendig, teuer und gefährlich. Deshalb erfolgt sie oft in Ländern mit laxen Arbeits- und Umweltgesetzen. Etwa 90 Prozent des exportierten Elektroschrotts landen in Asien. Die Geräte werden bei hohen Temperaturen eingeschmolzen, Gold und Kupfer von Arbeitern in Eimern aufgefangen. Beim Einschmelzen entsteht gesundheitsschädlicher Dioxinrauch, der zu Hautschädigungen, neurologischen Erkrankungen und Krebs führen kann. Die wohlhabenderen Länder stehen unter Druck, die Verantwortung für ihren Elektroschrott zu übernehmen und die mineralischen Rohstoffe auf ethisch verträglichere Weise zu extrahieren, auch wenn es teurer ist. Dieses Problem wird seit Langem diskutiert. Dank dem »Basler Übereikommen über die Kontrolle der grenzüberschreitenden Verbringung gefährlicher Abfälle und ihrer Entsorgung«, das 1992 in Kraft getreten ist, ist der Export von Elektroschrott inzwischen stärker reglementiert. Die Vereinbarung wurde von mehr als 180 Ländern unterzeichnet, allerdings nicht von den USA.

Spielzeug

Spielzeug macht Kindern Freude und trägt zu ihrer Entwicklung bei. Heute werden 90 Prozent aller Spielzeuge aus Plastik hergestellt. Das ist noch nicht allzu lange so. Plastik wurde erst nach dem Zweiten Weltkrieg populär, als Materialien wie Holz, Metall und Gummi rationiert waren. Spielzeughersteller mussten sich nach Alternativen umsehen. Das billige und unkomplizierte Plastik führte dazu, dass die Preise bestimmter Waren – darunter auch Spielsachen – fielen, und der Babyboom nach dem Krieg heizte die Nachfrage nach Spielzeug zusätzlich an.

Seither türmen sich Spielzeugberge in Kinderzimmern. Die Spielzeugindustrie setzt alleine in den USA jährlich über 20 Milliarden Dollar um. Laut einer amerikanischen

Studie, die untersuchte, wie Kinder zwischen 2 und 12 Jahren mit Spielzeug umgehen, erhielt ein einzelnes Kind durchschnittlich 71 Spielzeuge im Wert von 6.617 Dollar. Ein Fünftel der befragten Haushalte verfügte über mehr als 100 Spielzeuge, und einer von 10 Haushalten über mehr als 200. Eine Befragung in Großbritannien ermittelte noch höhere Schätzwerte. Hier besaßen Kinder durchschnittlich 238 Spielsachen, spielten laut Aussage ihrer Eltern aber nur mit 12 Lieblingsspielzeugen regelmäßig.

Der Markt scheint regelrecht überschwemmt zu sein mit Spielzeug in allen möglichen Formen und Größen. Der US-amerikanische Spielwarenhersteller Hasbro erneuert jährlich zwei Drittel seines Warenbestands. Das macht die Berechnung, wie viel Plastik in Form von Spielzeug im Lauf unseres Lebens durchschnittlich durch unsere Hände geht, schwierig. Deshalb soll hier Mr. Potato Head, ein Spielzeugklassiker in den USA, als Referenzpunkt dienen. Mr. Potato Head inklusive Zubehör wiegt 295 Gramm.

> Der Kartoffelkopf Mr. Potato Head, der in Deutschland vor allem durch den Disney-Streifen Toy Story bekannt wurde, ist über 70 Jahre alt. Er wurde 1949 von Hasbro entwickelt und bestand ursprünglich aus Accessoires zum Aufstecken auf eine echte Kartoffel. Erst 1964, als Eltern sich beschwerten, weil sie verschimmelte Kartoffeln unter den Betten ihrer Kinder gefunden hatten, führte Hasbro einen großen Kartoffelkopf aus Plastik ein. Seither wurden in 30 Ländern über 100 Millionen Exemplare von Mr. und Mrs. Potato Head verkauft.

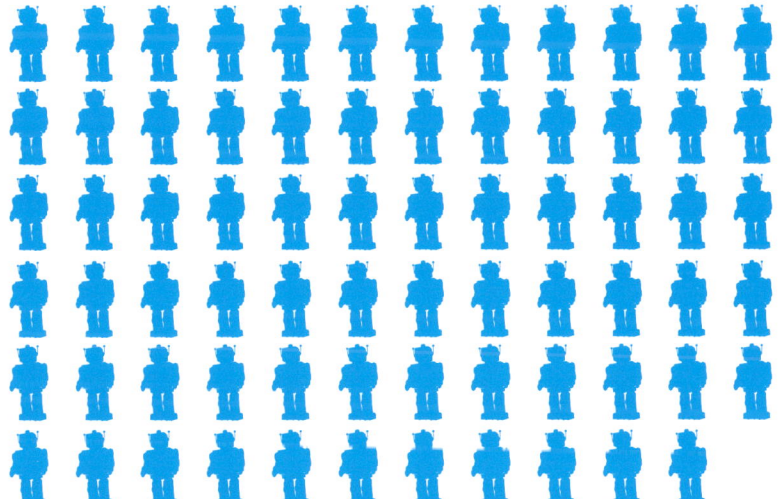

Ein US-amerikanisches Kind besitzt während seiner Kindheit durchschnittlich 71 Spielzeuge.

Das entspricht 20,9 Kilogramm Plastik.

Plastikspielzeug kann wegen gesundheitsschädlicher Stoffe bedenklich sein. Obwohl sie in einigen Ländern strengen Sicherheitsbestimmungen unterliegen, enthalten viele Spielzeuge noch immer BPA und Phtalate. Das ist besonders besorgniserregend, weil Kinder Spielsachen so häufig in den Mund nehmen (siehe dazu auch Kap. 1, S. 26).

Das Problematische an Spielsachen ist, dass die meisten von ihnen irgendwann auf der Müllkippe landen. Weil sie häufig aus Verbundwerkstoffen bestehen, lassen sie sich nur schwer recyceln. Zum Glück werden Spielzeuge oft mehrfach weitergegeben und, so schildern es manche Berichte, häufig erst nach 15 bis 20 Jahren endgültig entsorgt. Bei einer Erhebung gaben 81 Prozent der befragten 2.000 Eltern an, das Spielzeug ihrer Kinder teilweise einfach wiederzuverwenden. Bauklötze, pädagogisches Spielzeug und Fahrräder wurden am häufigsten an andere Kinder weitergegeben. Annähernd 6 von 10 Eltern besitzen noch Spielsachen, die über Generationen weitergereicht wurden.

Alternativen: Gemeinsame Unternehmungen und gebrauchtes Spielzeug

Spielzeug ist wichtig, doch die Kinder in Ihrem Umfeld haben wahrscheinlich schon mehr als genug davon. Bevor Sie das nächste Mal ein Geschenk für ein Kind kaufen, überlegen Sie, ob eine gemeinsame Unternehmung nicht eine schöne Abwechslung wäre – etwa ein Kino- oder Museumsbesuch, der Besuch einer Sportveranstaltung oder ein Mittagessen zu zweit. Als kostenlose bzw. preiswerte Alternativen bieten sich gemeinsame Wanderungen, gemeinsames Plätzchenbacken oder das Zubereiten von Knetmasse an.

Spielkonsolen

Bildschirmspiele sind aus dem Spielzeuguniversum nicht mehr wegzudenken. Die Spielkonsolen bestehen überwiegend aus Kunststoff – von der Gerätehülle über die Regler bis zur Verpackung. 67 Prozent der US-Amerikanerinnen und -Amerikaner (211 Millionen Menschen) spielen solche Spiele, und 80 Prozent aller US-amerikanischen Haushalte besitzen eine Spieleinrichtung/-konsole. Die erfolgreichste Spielkonsole der letzten Jahre war die Nintendo Switch. Bis Ende 2019 wurde sie über 52 Millionen Mal verkauft.

Wie die meisten Spielzeuge sind Bildschirmspiele langlebig. »Retro«-Spiele sind auf dem Gebrauchtmarkt heiß begehrt. Ehe Sie Ihre alte Spielkonsole entsorgen, können Sie also immer noch versuchen, sie zu verkaufen oder zu verschenken.

Ein Spieler spielt *Fortnite* auf seiner Nintendo Switch.

Weniger ist mehr

Spielzeug ist, wie wir wissen, wichtig für die kindliche Entwicklung, doch wie viele Spielsachen braucht ein Kind tatsächlich? Hierzu führte die University of Toronto kürzlich eine Studie durch. Sie lud 36 Krabbelkinder (natürlich mit ihren Eltern) zu einer 30-minütigen Spielsession ein. Die Kinder wurden in zwei Gruppen aufgeteilt. Die Kinder in Gruppe 1 erhielten 16 Spielsachen, die Kinder in Gruppe 2 nur vier. Die Kinder der zweiten Gruppe spielten länger und kreativer mit jedem Spielzeug – mit anderen Worten: Die Spielqualität stieg.

Bei der Suche nach »richtigem« Spielzeug werden Sie vielleicht im Freundeskreis und in der Familie fündig, die bestimmt einiges eingelagert haben, was sie gerne loswerden würden. Es gibt außerdem viele Möglichkeiten zum Erwerb von gebrauchtem Spielzeug.

Wenn Sie kein Plastikspielzeug verschenken möchten, wählen Sie Holzspielzeug. Der erste schriftliche Hinweis auf ein Holzspielzeug (ein hölzernes Jo-Jo aus dem antiken Griechenland) datiert auf das Jahr 500 v. Chr. Holzspielzeug ist haltbar und biologisch ab-

Spielzeug wurde früher nicht nur aus Holz, sondern auch aus Ton hergestellt, so wie dieser Vogel, der im Museum für kykladische Kunst in Athen ausgestellt ist.

baubar. Die (farbige) Lackierung sollte lösungsmittelfrei, schweiß- und speichelfest sein. Herkömmliche Farben enthalten häufig Schadstoffe.

Gratisspielzeug

Lange Zeit war Gratisspielzeug ein integraler Bestandteil von Fast-Food-Mahlzeiten für Kinder. Oft wanderte es schon nach kurzer Zeit, wenn nicht sofort und ohne aus der Plastikverpackung genommen zu werden, in den Mülleimer. Vor diesem Hintergrund hat Burger King versprochen, seinen Kindermahlzeiten ab 2025 kein Plastikspielzeug mehr beizulegen. Andere Fastfoodketten ziehen allmählich nach. In manchen McDonald's-Filialen können Kinder zwischen einem Spielzeug und einem Buch wählen.

Abwasser mit Farbrückständen aus einer Textilfabrik fließt in den Jangtse. Das Färben von Textilien ist eine der Hauptursachen für die Verschmutzung der Wasserstraßen weltweit.

Innenausstattung und Textilien

Textilien sind Materialien, die aus miteinander verarbeiteten und verbundenen Fasern bestehen. Hierzu gehören beispielsweise Kleidung, Möbelbezüge, Teppiche, Bettwäsche und Handtücher. Während solche Güter früher vor allem aus Naturfasern (z. B. Baumwolle) bestanden, werden heute 63 Prozent aller Textilien aus Kunststofffasern, 26 Prozent aus Baumwolle und die restlichen 11 Prozent aus anderen Materialien hergestellt. Wie in Kapitel 2 geschildert, werden bei der Herstellung synthetischer Textilfasern große Mengen CO_2 freigesetzt. Die Textilindustrie verursacht – die Verarbeitung von Naturfasern eingeschlossen – 1,2 Milliarden Tonnen CO_2 jährlich – mehr als sämtliche internationalen Flüge und die Seeschifffahrt zusammen. Darüber hinaus ist sie für 17 bis 20 Prozent des industriellen Abwassers weltweit verantwortlich. Grund dafür ist das Färben bzw. die Veredlung von Garnen. Damit steht die Textilindustrie als Verursacherin von Wasserverschmutzung an zweiter Stelle – gleich hinter der Landwirtschaft.

Jahr für Jahr wird mehr Textilmüll produziert. Jede Sekunde landen Textilien in der Größenordnung einer Mülllaster-Ladung auf der Deponie oder werden verbrannt. In den USA machen Textilien 7,6 des Deponiemülls aus. Nordamerikanerinnen und -amerikaner werfen jährlich durchschnittlich 37 Kilogramm Textilien in den Abfall – insgesamt 9,5 Millionen Tonnen.

Da die Modeindustrie eine wichtige Rolle als Mitverursacherin dieses Problems spielt, wird sie im Folgenden ausführlich behandelt. Doch zunächst geht es um unseren Umgang mit Möbeln, Teppichen und Haushaltswäsche.

Möbel

Manche Möbelstücke werden von Generation zu Generation weitervererbt, andere sind weniger langlebig. Laut einer Studie werden Sofas etwa alle 11 Jahre ausgetauscht. Wenn Sie Ihr erstes Sofa mit 20 kaufen, kommen Sie im Lauf Ihres Lebens auf ca. sieben Exemplare – vielleicht auch mehr, denn das Aufkommen von »Fast Furniture« – billiger Massenware von minderer Qualität – hat dazu geführt, dass Möbel heute erschwinglicher sind als früher und deshalb auch häufiger ausgetauscht werden. 1960 entsorgten die US-Amerikaner 1,8 Millionen Tonnen Möbel; heute sind es 10,9 Millionen Tonnen – weit mehr, als es dem Bevölkerungswachstum entsprechen würde. Ca. 20 Prozent der entsorgten Möbel werden verbrannt, um Energie zu gewinnen, die restlichen 80 Prozent landen auf der Deponie.

Alternativen: Nachhaltiger Möbelkauf

Hier ein paar Tipps zum Möbelkauf.

Kaufen Sie Möbel, die sich leicht zerlegen lassen. Anders als ein Bürostuhl, der aus Dutzenden von Verbundstoffen besteht, sind Möbelstücke, die sich problemlos in ihre Einzelteile zerlegen lassen, nicht nur leichter zu recyceln, sondern auch einfacher zu reparieren.

Gehen Sie pfleglich mit Ihren Möbeln um. Wenn Sie Ihre Möbel gut pflegen, halten sie länger. Informieren Sie sich, wie Sie Ihr Sofa reinigen können, und lernen Sie, wie man Flecken fachgerecht entfernt.

Kaufen Sie Gebrauchtmöbel. So landen weniger Möbel auf der Müllhalde. Außerdem sind Möbelstücke, die vor der Ära des Fast Furniture hergestellt wurden, oft von besserer Qualität.

Kaufen Sie lokal. Durch den Kauf bei einem lokalen Hersteller tragen Sie dazu bei, dass weniger Treibhausgase ausgestoßen werden. Das Möbelstück muss über geringere Distanzen transportiert werden, und die Wahrscheinlichkeit, dass die Materialien regional bezogen wurden, ist höher.

Wählen Sie Möbel aus nachhaltigen Materialien – z. B. aus Holz statt aus Kunststoff. Doch achten Sie auch hier auf die Umweltbilanz. Weltweit werden immer mehr Wälder abgeholzt, vorwiegend in den Tropen. Die Herstellung eines Stuhls aus einem einheimischen Hartholz hat signifikant weniger schädliche Auswirkungen als eine Fertigung aus Tropenholz. Einige Bambusarten (Bambus gehört zu den Gräsern) können in 40 Minuten 2,5 Zentimeter wachsen. Dieses rasche Wachstum erleichtert die Erhaltung von Bambuswäldern. Doch um zu gedeihen, braucht Bambus eine Menge Wasser, und der Klebstoff, der zum Verleimen der Möbel verwendet wird, enthält oft Formaldehyd. Ob dieser Werkstoff also tatsächlich eine gute Alternative ist, bleibt umstritten.

> **Büromöbel**
>
> Es mag Sie überraschen, doch wie die Environmental Protection Agency (EPA) kürzlich berichtete, werden in den USA jährlich 8 Millionen Tonnen Büromöbel als Müll entsorgt. Der in ihnen enthaltene Kunststoffanteil ist schwierig zu ermitteln, da viele Möbel aus Verbundwerkstoffen bestehen. Ein Büroschrank z. B. besteht in der Regel hauptsächlich aus Metall, Holz und Kunststofffasern und wiegt zwischen 50 und 317 Kilogramm. Bürostühle sind häufig aus Dutzenden von Materialien gefertigt und damit praktisch unrecycelbar.

Alternativen: Modulare Teppichböden

Teppichfliesen oder modulare Teppichböden sind eine kluge Alternative, wenn Sie Ihren alten Teppich(boden) austauschen müssen. Obwohl der Materialbedarf zunächst höher

ist, weil die Fliesen auf der Rückseite eine spezielle Beschichtung erfordern, können Sie damit auf lange Sicht eine Menge Material sparen. Wieso? Abgenutzte oder verschmutzte Fliesen können gegen neue ausgetauscht werden, ohne dass der gesamte Teppichboden ersetzt werden muss.

Sie können sich natürlich auch für einen Teppich oder Teppichboden aus Wolle oder 100 Prozent recycelten Materialien entscheiden. Ihre alten Teppiche sollten Sie, wenn möglich, zu einer Sammelstelle bringen, anstatt sie in den Sperrmüll zu geben.

Teppichfliesen sind in Büros und im gewerblichen Umfeld populär, doch auch in Häusern und Wohnungen lassen sie sich einfach und ansprechend verlegen.

Bett- und Haushaltswäsche

Aus einer Datenerhebung der EPA geht hervor, dass in den USA im Jahr 2015 910.000 Tonnen Handtücher, Bettlaken und Kissenbezüge auf Mülldeponien landeten. Angesichts der Tatsache, dass bei einer Umfrage über 50 Prozent der 1.000 Befragten angaben, jedes Jahr neue Bett- und Haushaltswäsche zu kaufen, erscheint diese Zahl nachvollziehbar.

Alternativen: Haushalts- und Bettwäsche

Bei Bettwäsche und Handtüchern scheint die Wahl des Materials nicht entscheidend zu sein: Eine französische Studie untersuchte die Lebensdauer von acht unterschiedlich verarbeiteten Bettlaken. Einige waren aus Baumwolle, einige aus einem Polyester-Mischgewebe, andere trugen das Label »pflegeleicht« und/oder »bügelfrei« und waren dunkel oder hell gefärbt. Die Studie kam zu dem Schluss, dass die Umweltbilanz der einzelnen Laken sich nicht gravierend unterschied. Die Veredelungstechniken, die dafür sorgten, dass manche Laken nicht gebügelt werden mussten, erforderten einen höheren Einsatz (umweltschädlicher) Chemikalien, doch die Laken blieben länger in Gebrauch, und weil das Bügeln entfiel, wurde Energie gespart. Hell gefärbte Laken erwiesen sich als 1,5-mal farbechter als dunkel gefärbte (schienen sich also langsamer abzunutzen und wurden daher als hochwertiger wahrgenommen).

Kleidung

2015 wurden viermal so viele Kleidungsstücke verkauft wie 1995 und fast doppelt so viele wie 2005 – 1,8 Billionen im Vergleich zu einer Billion –, und es ist davon auszugehen,

Im Lauf ihres Lebens »verbrauchen« Durchschnittsver-
braucherinnen und -verbraucher gemittelt
768 Kilogramm Plastik in Form von Kleidung.

Wenn ein Polyester-T-Shirt 140 Gramm wiegt,
entspricht das **5.486 T-Shirts**.

> Der Einsturz der Textilfabrik Rana Plaza bei Dhaka in Bangladesch gilt als schlimmster Unfall in der Geschichte der Modeindustrie und brachte ihre Schattenseiten ans Licht. Das zunächst vierstöckige Gebäude war ohne Baugenehmigung errichtet und anschließend aufgestockt worden. Als es 2013 einstürzte, kamen 1.134 Menschen ums Leben und über 2.500 wurden verletzt.

dass die Verkäufe bis 2025 auf 2,1 Billionen steigen werden. Durchschnittlich 60 neue Kleidungsstücke kaufen die Deutschen pro Jahr; rund 15 Kilogramm. Wenn man bedenkt, dass über 60 Prozent der Kleidung inzwischen aus Kunststofffasern besteht, hängen wir 9,6 Kilogramm Plastik pro Jahr in unsere Kleiderschränke. Diese Schätzung beinhaltet auch Baby- und Kinderkleidung, die in viel kürzeren Abständen ersetzt werden muss, weil die Kleinen schnell aus ihr herauswachsen.

Doch dieser Überkonsum verteilt sich nicht gleichmäßig über den Planeten. Weltweit betrachtet kauft jeder Mensch pro Jahr durchschnittlich 5 Kilogramm neue Kleidung, im Nahen Osten und in Afrika sind es sogar nur 2 Kilogramm. Chinesinnen und Chinesen erwerben jährlich im Schnitt 6 Kilogramm neue Kleidung. Allerdings ist davon auszugehen, dass ihr Jahresverbrauch bis 2030 auf 11 bis 16 Kilogramm steigen wird.

Je höher der Konsum, umso höher der Müllberg. In den letzten 15 Jahren hat sich die Häufigkeit, mit der wir ein Kleidungsstück tragen, ehe wir es wegwerfen, weltweit um 36 Prozent verringert. Eine Umfrage in Großbritannien ergab, dass die befragten 2.000 Frauen ihre Kleidungsstücke durchschnittlich nur siebenmal trugen, bevor sie sie entsorgten. Nicht Weniges an Kleidung verstaubt gar ungetragen in den Schränken und Schubladen.

Prognosen zufolge wird die Modeindustrie bis 2030 134 Millionen Tonnen Müll produzieren, 118 Milliarden Kubikmeter Wasser verbrauchen und 2,5 Milliarden Tonnen CO_2 in die Luft pusten. Die damit einhergehenden Umweltschäden stehen in direktem Zusammenhang mit dem Aufstieg der Fast Fashion.

Fast Fashion

Seit 2000 boomt die »schnelle Mode«. Unter Fast Fashion versteht man billige Kleidung, die für den Massenmarkt hergestellt wird und die neuesten Trends bedient. Zu den auf diesem Gebiet führenden Unternehmen gehören z. B. Zara, H&M und kick. Ihre Waren sind zwar billig, kommen Verbraucherinnen und Verbraucher aber teuer zu stehen: Die Qualität der Kleidung ist oft schlecht (sodass sie sich schnell abnutzt), die Auswirkungen von Herstellung und Vertrieb auf die Umwelt sind gravierend, und viel zu oft wird die Gesundheit und Sicherheit von Arbeiterinnen und Arbeitern aufs Spiel gesetzt. In Bangladesch, wo nach China die meisten Textilien produziert werden, verdient eine Textilarbeiterin im Monat durchschnittlich nur 64 Dollar.

Fast Fashion wäre ohne Polyester nicht möglich. Über 21 Millionen Tonnen dieses billigen Kunststoffs wurden 2016 für Klamotten verwendet – das ist eine Zunahme um 157 Prozent seit dem Jahr 2000. 2015 verursachte allein die Herstellung von Polyesterfasern Emissionen von 282 Millionen Tonnen CO_2. Dazu kommt, dass Polyesterstoffe viel langsamer abgebaut werden als Stoffe aus Naturfasern und uns rund 200 Jahre lang als Müll erhalten bleiben.

Was geschieht mit gespendeter Kleidung?

Laut Schätzungen könnten 95 Prozent aller gebrauchten Kleidungsstücke wiederverwendet, also weiter getragen, weiterverarbeitet oder recycelt werden, doch leider landet der größte Teil davon im Müll. Nur 13 Prozent werden gespendet. Doch was geschieht mit gespendeter Kleidung?

30 bis 40 Prozent gehen über lokale oder regionale Secondhandläden zurück in den Verkauf; der Rest wird als Handelsware ins Ausland exportiert. 2014 wurden weltweit 4,3 Millionen Tonnen Altkleider verkauft, vor allem an Entwicklungsländer. Der Trend ist allerdings rückläufig. Wegen der schlechten Qualität von Billigmode werden Importeure zunehmend wählerischer. Ein Teil der auf dem internationalen Markt unverkäuflichen Altkleider kann zu Putzlappen, Vlies-, Dämm- oder Füllstoffen downgecycelt werden, doch ein großer Prozentsatz wird einfach verbrannt, da die Importländer oft keine Anlagen zur Verarbeitung von Textilmüll haben. Sinkt die Qualität der Textilien weiter, wird auch die Nachfrage weiter zurückgehen.

Im Senegal beladen Arbeiter einen Autobus mit Bündeln von Secondhandkleidung aus Europa und Amerika.

Nur 3 Prozent aller entsorgten Kleidungsstücke werden weiterverarbeitet: 2 Prozent zu Putzlumpen, Vlies-, Dämm- und Füllstoffen und 1 Prozent zu Recyclingware. Das heißt, sie werden so zerlegt, dass die Fasern wiederverwertet werden können. Experten schätzen, dass wir durch den Verzicht auf das Recyceln von Altkleidung Materialverluste im Wert von über 100 Milliarden Dollar pro Jahr erzeugen. Das liegt unter anderem daran, dass Kleidung ziemlich komplex ist: Knöpfe, Reißverschlüsse und andere nicht textile Teile müssen entfernt werden. Auch Farben, Beschichtungen und Drucke stellen eine Herausforderung für das Recycling dar, doch das größte Problem sind Mischgewebe. Sagen wir, Ihr Lieblingspullover besteht zu 50 Prozent aus Baumwolle und zu 50 Prozent aus Polyester. Ehe dieser Pulli recycelt werden kann, müssen diese Materialien voneinander getrennt werden. Das ist technisch machbar (mithilfe bestimmter Lösungsmittel), doch die Verfahren sind noch nicht ausgereift. Gegenwärtig ist es für Hersteller oft immer noch billiger, Kleidungsstücke aus neuen statt aus recycelten Materialien herzustellen.

Aus der Waschmaschine ins Meer

Plastikmüll entsteht hauptsächlich dadurch, dass wir so viele Dinge wegwerfen, doch wussten Sie, dass selbst beim Wäschewaschen Plastik freigesetzt wird? Weltweit gelangen jährlich rund 1,5 Millonen Tonnen Mikroplastik über das Abwasser von Waschmaschinen in die Meere. Wie schon erwähnt, bestehen über 60 Prozent unserer Textilien aus Kunststofffasern. Beim Waschen dieser Kleidungsstücke lösen sich pro Waschgang bis zu über 700.000 winzige Flusen – laut einer Studie vor allem Acrylfasern. Diese Mikrofasern gelten als Mikroplastik. Die Wissenschaft schätzt, dass diese winzigen Fasern etwa 35 Prozent des im Meer treibenden Mikroplastiks ausmachen. Sie können die Verdauungsorgane von Meerestieren schädigen und Bakterien in den Organismus einschleusen.

Toplader setzen im Vergleich zu Frontladern 7-mal mehr Synthetikfasern frei. Frontlader verbrauchen außerdem weniger Wasser und laufen ruhiger. Sie sind also die bessere Wahl, wenn man die Umwelt schützen möchte und dennoch Wert auf saubere Wäsche legt. Auch Mikroplastikfilter für Waschmaschinen oder spezielle Wäschebeutel sind eine sinnvolle Investition. In Kläranlagen werden die Fasern zwar größtenteils aus dem Abwasser herausgefiltert, finden sich dann aber im Klärschlamm wieder.

Um den Eintrag von Mikroplastik ins Abwasser zu verringern, ist ein Frontlader die beste Wahl.

Schuhe

Laut der American Apparel and Footwear Association kaufen Amerikanerinnen und Amerikaner (Kinder inbegriffen) 7,5 Paar Schuhe pro Jahr. Im Lauf eines Lebens kommen so ca. 600 Paare zusammen. Die für Schuhe am häufigsten verwendeten Materialien sind Leder, Stoff (typischerweise Baumwolle und Polyester), Gummi (entweder aus Naturkautschuk oder aus Polyester) und Schaumstoff (vor allem aus Polyurethan). Natürlich spielt Kunststoff eine große Rolle in der Schuhindustrie. Es gibt unglaublich viele unterschiedliche Modelle, für die oft viele Materialien und Komponenten kombiniert werden. Während ein schlichter Flipflop nur aus Sohle und Riemen besteht, wird mancher Sneaker aus über 60 Einzelteilen zusammengesetzt. Wie bei so vielen Dingen, die mit Kunststoff hergestellt werden, erschwert dieser komplexe Materialmix das Recycling, sodass 95 Prozent der ausrangierten Schuhe auf der Müllhalde landen.

Was also sollen wir tun? Sind unsere Kleiderspenden nutzlos? Nein, sagen Expertinnen und Experten. Selbst Socken und Unterwäsche – sofern sie sauber und gut erhalten sind – können bei lokalen Wohltätigkeitsorganisationen oder Kleiderkammern abgegeben werden. Kaputte Kleidung und Stoffreste hingegen bringt man am besten zum Wertstoffhof.

Es liegt auf der Hand, dass Altkleidung nicht dauerhaft ballenweise ins Ausland exportiert werden kann, und Experten schlagen vor, dies als Chance für Innovationen zu begreifen. Wenn Hersteller aus unterschiedlichen Branchen mit ins Boot geholt werden – etwa Autobauer und Teppich-, Papier- und Bauindustrie –, können unsere weggeworfenen Textilien am Ende vielleicht doch noch sinnvoll verwertet werden.

Alternativen: Nachhaltige Mode

Lässt sich Fast Fashion mit nachhaltiger Mode begegnen? Zunächst einmal ist der Begriff »nachhaltige Mode« genau genommen ein Widerspruch in sich, da es bei Mode immer um Trends und damit um kontinuierlichen Konsum geht. Trotzdem können Sie für mehr Nachhaltigkeit in Ihrem Kleiderschrank sorgen.

Dr. Anna Brismar, eine Expertin für Circular Fashion (Kreislaufmode), hat sechs miteinander kombinierbare Regeln für den Umgang mit Kleidung definiert:

Kaufen Sie Biokleidung, also Kleidung, die auf umweltverträgliche Weise aus biozertifizierten Materialien hergestellt wurde. Wichtige Kriterien zur Beurteilung der Nachhaltigkeit sind: Welche Ressourcen werden verwendet? Wie wirken sich diese Ressourcen auf Wasser und Umwelt aus? Wie werden die Textilien hergestellt und gefärbt? Wie wird die Kleidung vertrieben und entsorgt? Wie viel CO_2 wird bei jedem dieser Schritte freigesetzt? Entscheiden Sie sich für Qualität und zeitlose Schnitte. Modetrends hin oder her – es gibt klassische Schnitte, die nie aus der Mode kommen. Klassiker können auch ganz persönliche Lieblingsstücke sein, in denen Sie eine gute Figur machen und sich wohlfühlen.

Von hochwertigen, gut verarbeiteten Kleidungsstücken, die Ihnen wirklich gefallen, werden Sie sich vielleicht nie wieder trennen wollen. Sie wissen nicht, ob Ihnen eine Bluse oder ein Hemd gefällt? Hängen Sie das Teil zurück. Lassen Sie sich eine Woche Zeit, und denken Sie darüber nach, ob Sie es wirklich haben wollen. Textilmüll lässt sich oft schon dadurch reduzieren, dass man nur kauft, was einem hundertprozentig gefällt.

Kaufen Sie Fair-Trade-Ware aus heimischer Produktion. Billigmode ist nur deshalb so preiswert, weil Menschen irgendwo in der Produktionskette ausgenutzt werden. Jeder Pullover für 10 Euro lässt auf unfaire Löhne oder gefährliche Arbeitsbedingungen schließen. Informieren Sie sich über die Herstellungs- und Handelspraktiken der von Ihnen bevorzugten Hersteller, ehe Sie ein Kleidungsstück kaufen. Versuchen Sie, aufs Online-shopping zu verzichten, um zusätzliche CO_2-Emissionen zu vermeiden, und kaufen Sie, wann immer möglich, bei kleinen Firmen, um die lokale Wirtschaft zu unterstützen.

Sashiko ist eine japanische Sticktechnik zur Ausbesserung schadhafter Kleidung. Inzwischen ist sie auch hierzulande populär, weil sich damit sehr individuelle Motive sticken lassen.

Beschädigte Kleidungsstücke flicken, umarbeiten und upcyceln. Wie jeder Gegenstand hält auch ein Kleidungsstück länger, wenn man es pflegt und bei Bedarf ausbessert. Wenn Sie sich an einem Kleidungsstück sattgesehen haben, können Sie es vielleicht upcyceln oder umarbeiten (lassen), sodass es wieder zu Ihrem Stil passt.

Leihen und tauschen Sie Kleidungsstücke. Die Sharing Economy (Wirtschaft des Teilens) findet immer mehr Anhänger, auch in der Modebranche. Internet-Plattformen unown oder CLOSTHESfriends bieten Kundinnen und Kunden die Möglichkeit, Kleidung auszuleihen und sich auf diese Weise ohne Kaufzwang stets nach der neuesten Mode zu kleiden. Kritiker behaupten, das Reinigen und Versenden der Kleidung ließe die positiven Umweltauswirkungen verpuffen; andere sind der Auffassung, der Ansatz sei ein Schritt in die richtige Richtung. Alternativ können Sie auf lokaler Ebene Kleidung tauschen, z. B. mit Freundinnen und Freunden.

Kaufen Sie Secondhand- und Vintage-Kleidung. So tragen Sie dazu bei, dass weniger Textilien auf den Deponien landen und die negativen Auswirkungen auf die Umwelt, die mit der Herstellung von Kleidung einhergehen, sich verringern. Sie können sich nicht vorstellen, das Onlineshopping aufzugeben? Secondhand-Kleidung wird inzwischen auch übers Internet verkauft, z. B. von vinted, ebaykleinanzeigen oder Kleiderkorb.

Sonnenbrillen

Anstatt sich zu überlegen, wie viele Sonnenbrillen man im Lauf seines Lebens wohl besitzt, sollte man sich vielleicht besser fragen, wie viele man verliert. Sonnenbrillen ge-

hören zu den Dingen in unseren Hand- oder Aktenta-
schen, die am häufigsten verloren gehen. Disney World
führt seit 1971 ein Verzeichnis verlorener Gegenstände
und schätzt, dass seither über 1,65 Millionen Sonnenbrillen in seinen Fundbüros abgegeben wurden. Das
sind durchschnittlich 210 Brillen pro Tag.

Sie denken, Sie hätten viele Brillen?
Elton John gab in einem Interview
mit der BBC zu, dass er 250.000
Brillen (inklusive Sonnenbrillen)
besitzt!

Die Ergebnisse einer brasilianischen Studie legen
nahe, dass Sonnenbrillen alle zwei Jahre ersetzt werden sollten – danach beginnt der
UV-Schutz nachzulassen, wie ein Test mit einem Sonnensimulator ergab. Obwohl Brillen
aus den verschiedensten Materialien hergestellt werden können, unter anderem aus Metall
und Glas, haben die meisten Gläser und Gestelle aus Kunststoff.

Jede*r US-Amerikaner*in besitzt im Lauf des Lebens
durchschnittlich **40 Sonnenbrillen**.

Wenn eine Brille 30 Gramm wiegt, entspricht
das **1,2 Kilogramm** Plastik.

Alternativen: Brillenband

Ob ein Brillenband, das Sie an Ihrer Lieblingssonnenbrille befestigen können, besonders
schick aussieht, sei einmal dahingestellt, doch ein einfaches und praktisches Accessoire
ist es allemal. Das Band sorgt dafür, dass Sie weniger Brillen verlieren und folglich auch
weniger kaufen müssen.

So berechnen Sie Ihren Fußabdruck für langfristig genutztes Plastik

Die Berechnung des persönlichen Plastik-Fußabdrucks kann die eigenen Konsumgewohnheiten bewusster machen, als Durchschnittsangaben und Messwerte es können. Auch das eigene Verhältnis zu den Dingen, die man kauft und verwendet, kann so besser eingeschätzt werden. Es ist oft schwierig, exakt zu bestimmen, wie viel Plastik in, sagen wir, einem Auto oder Schreibtischstuhl steckt, und bei dem Versuch, es herauszufinden, gerät das Wesentliche leicht aus dem Blick. Denn viel wichtiger ist es, darüber nachzudenken, wie viele Autos und Schreibtischstühle man im Lauf seines Lebens besitzt, warum es so viele sind und wie man eine andere Einstellung zu diesen Dingen findet.

Wenn Sie Ihren Plastik-Fußabdruck berechnen möchten, können Sie bei sich zu Hause ein privates »Plastik-Audit« durchführen.

Langfristig genutzte Kunststoffgegenstände unter der Lupe

Ein »Plastik-Audit« durchzuführen klingt einfacher, als es ist. Sie könnten sich zunächst an den Abschnitten dieses Kapitels orientieren, doch wenn Sie sich vor Augen führen, wie viele Dinge bei Ihnen zu Hause oder an Ihrem Arbeitsplatz vollständig oder teilweise aus Kunststoff bestehen, wird Ihnen schnell klar, dass die Liste der hier aufgeführten Gegenstände alles andere als vollständig ist. Plastik ist in unserem Alltag so allgegenwärtig, dass (Küchen-)Geräte, Baumaterialien und viele Gegenstände, mit denen man täglich hantiert, aus Platzgründen hier gar nicht genannt werden konnten. Anstatt alles aufzulisten, was bei Ihnen zu Hause aus Kunststoff besteht (ein praktisch unmögliches Unterfangen), konzentrieren Sie sich lieber auf die Dinge, die Sie am häufigsten ersetzen.

Hinzu kommt, dass die hier genannten Daten auf Durchschnittswerten basieren, die Ihr persönliches Nutzungsverhalten vermutlich nicht exakt widerspiegeln. Deshalb sollten Sie zunächst notieren, wie viele Exemplare eines bestimmten Gegenstands Sie besitzen oder besessen haben. Anhand des Ergebnisses können Sie grob kalkulieren, wie häufig Sie einen Gegenstand ersetzen.

Wenn Sie z. B. 40 Jahre alt sind und in den letzten 22 Jahren (ab Ihrem 18. Geburtstag) vier Autos besessen haben, müssen Sie nur 22 durch 4 teilen, um festzustellen, dass Sie Ihr Auto durchschnittlich alle 5,5 Jahre ersetzt haben. Wenn Sie weitere 40 Jahre ein eigenes Auto fahren wollen und Ihre Wagen im selben Rhythmus austauschen, werden Sie im Lauf Ihres Lebens elf Autos besitzen. Dieses Ergebnis erhalten Sie, indem Sie die erwartete Gesamtnutzungsdauer (in diesem Falle vom 18. bis zum 80. Lebensjahr, also 62 Jahre) durch die Erneuerungsrate (5,5) teilen. Für einige Gegenstände, die in diesem Kapitel besprochen wurden, könnte Ihr Audit wie folgt aussehen:

Gegenstand	Erneuerungsrate	Erwartete Gesamt-nutzungsdauer	Anzahl der im Lauf des Lebens verwendeten Gegenstände
Auto	Alle 5,5 Jahre	62 Jahre	10,9
Laptop	Alle 6,5 Jahre	62 Jahre	9,5
Smartphone	Alle 2,5 Jahre	60 Jahre	24
Sofa	Alle 7 Jahre	55 Jahre	7,8
Sonnenbrille	Alle 2 Jahre	70 Jahre	35

Auch wenn sich Ihre Bedürfnisse und Gewohnheiten mit zunehmendem Alter wahrscheinlich ändern, kann eine solche Tabelle Anhaltspunkte hinsichtlich Ihres Plastikverbrauchs liefern. Nehmen Sie sich Zeit, um darüber nachzudenken, wie dieser Berg wohl aussieht und welche Bedeutung das für Sie hat.

Wie viel Raum nehmen diese Dinge auf dem globalen Müllberg ein?

Geht die Anzahl der Gegenstände, die Sie im Lauf Ihres Lebens in jeder Kategorie erwerben, für Sie in Ordnung?

Wie können Sie diese Anzahl bzw. die durch die entsprechenden Gegenstände verursachten Umweltschäden reduzieren? Denken Sie zurück an die sechs Regeln zur Müllvermeidung im Alltag (siehe Kap. 3, S. 48–52).

Sinn dieser Übung ist nicht, Ihnen ein schlechtes Gewissen zu machen, weil Sie so viel Plastik verbrauchen; sie soll Ihnen vielmehr dabei helfen, herauszufinden, was die größten Posten in Ihrem Plastikkonsum sind, und Gewohnheiten kritisch zu überdenken. Auf dieser Grundlage können Sie die Entscheidung treffen, Ihre Gewohnheiten zu ändern und wirksame Maßnahmen zu ergreifen, um sich aus der Plastikfalle zu befreien.

Kapitel 5

Einwegplastik und kurzzeitig genutztes Plastik

Plastik ist ein unglaublich haltbares Material, das ein Menschenleben um ein Vielfaches überdauern kann. Trotzdem wird etwa die Hälfte der Kunststoffe, die wir produzieren, nur einmal verwendet und dann weggeworfen. Dieses sogenannte Einwegplastik ist das größte Problem, wenn es um Plastikmüll geht. Weil wir Einwegartikel oft gedankenlos wegwerfen, neigen wir dazu, ihre Menge zu unterschätzen, doch wie sähe das Ergebnis aus, wenn wir sämtliches im Lauf des eigenen Lebens genutztes und dann entsorgtes Einwegplastik stattdessen aufstapeln würden?

Dieses Kapitel beschäftigt sich mit gängigen Einwegartikeln, die zu Ihrem Plastik-Fußabdruck beitragen können, und untersucht die Vor- und Nachteile plastikfreier Ersatzprodukte. Unsere individuellen Anstrengungen, weniger Plastikmüll zu produzieren, sind wichtig, doch ebenso unerlässlich ist es, einen kritischen Blick auf die Alternativen zu werfen. Die unterschiedlichen Materialien dieser Ersatzprodukte haben alle bestimmte Vor- und Nachteile. So sind beispielsweise wiederverwendbare Strohhalme aus Edelstahl, Glas, Bambus und anderen Materialien erhältlich, aber auch diese Alternativen haben ihren ökologischen Fußabdruck, den wir auf der Grundlage vorliegender Forschungsergebnisse auf den folgenden Seiten bewerten.

Plastik ersetzen:
ein paar Grundregeln

Unabhängig davon, für welchen plastikfreien oder -armen Ersatz Sie sich entscheiden, sind folgende Grundsätze beachtenswert:

Wiederverwendbares bevorzugen. Wann immer möglich, entscheiden Sie sich für ein Ersatzprodukt, das Sie immer wieder verwenden können. Eine Einwegplastiktüte gegen eine braune Papiertüte auszutauschen klingt wie eine gute Option (die Papiertüte lässt sich immerhin leicht recyceln und ist biologisch abbaubar), hat aber Auswirkungen auf die Umwelt (z. B. Wasserverbrauch, Abholzung von Wäldern und Zerstörung von Lebensräumen). Eine wiederverwendbare Stofftasche, die Sie über viele Jahre benutzen und auch flicken können, ist hier die bessere Wahl.

Unverpacktes kaufen. Auf Wochenmärkten und in sogenannten Unverpackt-Läden, die es mittlerweile in vielen Städten gibt, können Sie die angebotenen Produkte in mitgebrachte Behältnisse füllen.

In Unverpackt-Läden können Sie die Waren in mitgebrachte Behälter und Tüten abfüllen.

Großpackungen wählen. Manchmal ist nicht weniger, sondern mehr mehr. Bei Lieblings-produkten, die in Plastik verpackt sind, lässt sich die Abfallmenge reduzieren, wenn man Doppelpacks oder Familienpackungen kauft. Das liegt am Verhältnis zwischen Volumen und Oberfläche. Vier kleine Schachteln haben dasselbe Volumen, aber eine doppelt so große Oberfläche wie eine viermal so große Schachtel, d. h. entsprechend mehr Plastik-verpackung. Großpackungen sind natürlich nur dann eine gute Alternative, wenn es sich um ein Produkt handelt, das Sie mögen und deshalb aufbrauchen werden. Andernfalls produzieren Sie womöglich sogar mehr Abfall.

Altes aufbrauchen. Bevor Sie auf eine umweltfreundliche Produktalternative umsteigen – etwa von flüssigem Shampoo in der Plastikflasche auf festes, unverpacktes Shampoo –, sollten Sie angebrochene Produkte aufbrauchen.

Strohhalme

Der Strohhalm ist zum Symbol für Einwegplastikmüll geworden, was nicht zuletzt an einem Videoclip aus dem Jahr 2015 liegt, der Meeresbiologen bei dem Versuch zeigt, einen langen Plastikstrohhalm aus dem Nasenloch einer Meeresschildkröte zu ziehen. Der Clip, der die langwierige und schmerzhafte Entfernung des Strohhalms dokumentierte, wurde mehr als 40 Millionen Mal angesehen und löste wütende Reaktionen aus. Seitdem gilt Plastikmüll als zentrales Umweltproblem.

Plastikstrohhalme wiegen pro Stück weniger als ein halbes Gramm und machen nur 0,0025 Prozent des gesamten in unseren Meeren landenden Mülls aus, doch in den letzten 30 Jahren haben Freiwillige im Rahmen des International Coastal Cleanup, der größten internationalen Meeresschutzaktion, über 9 Millionen Strohhalme von den Stränden auf-

gelesen. In den USA gehören Strohhalme zum Alltag: In amerikanischen Restaurants, Hotels und Haushalten werden täglich schätzungsweise 500 Millionen Strohhalme verwendet – 1,6 Stück pro Person. In der EU sind sie glücklicherweise inzwischen verboten.

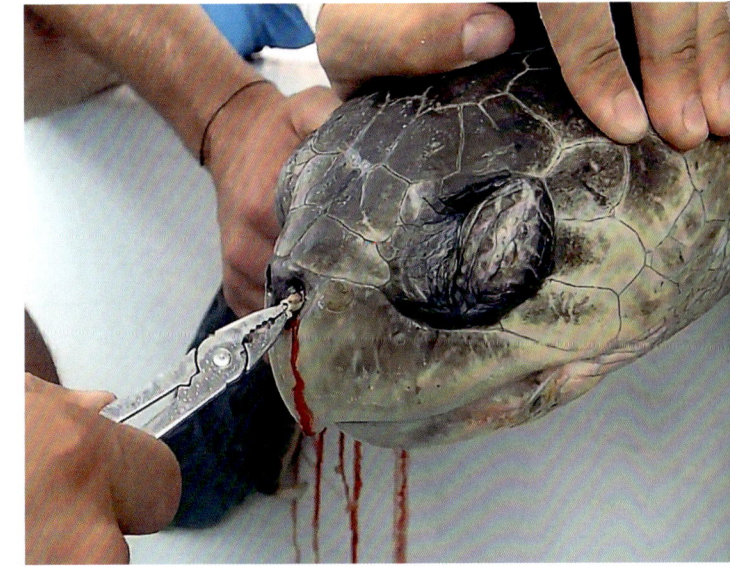

Dieser Videoclip zeigt, wie einer Schildkröte ein Strohhalm aus der Nase gezogen wird. Er ging viral und hat das Plastikproblem unseres Planeten auf drastische Weise sichtbar gemacht.

US-Amerikaner und -Amerikanerinnen verbrauchen im Lauf ihres Lebens im Schnitt
über **46.000 Strohhalme**.

Das entspricht **22 Kilogramm** Plastikmüll.

#StopSucking

In immer mehr Städten und Ländern sind Plastikstrohhalme tabu. Auch einige Unternehmen, etwa Starbucks oder die Disney-Themenparks, haben sich zu einem schrittweisen Verzicht auf Plastikhalme verpflichtet. Das Echo in den sozialen Medien war groß. Auch Prominente wie der Astrophysiker Neil deGrasse Tyson, der Footballspieler Tom Brady oder die Schauspielerin Sonam Kapoor beteiligten unter dem Hashtag #StopSucking an der Debatte.

Alternativen: Wiederverwendbare Strohhalme

Wiederverwendbare Strohhalme scheinen ein naheliegender Ersatz für Einweghalme aus Plastik zu sein, weil damit weniger Plastikmüll in die Umwelt gelangt, doch die Auswahl ist nicht leicht, denn zum einen gibt es verschiedene Arten plastikfreier Trinkhalme auf dem Markt, und zum anderen gilt es auch Umweltfaktoren wie Energieaufwand und Emissionen zu berücksichtigen. Wie also sieht die Bilanz wiederverwendbarer Strohhalme aus?

Eine Studie der Humboldt State University verglich Trinkhalme aus Edelstahl, Glas und Bambus und berechnete anschließend, wie oft man jedes dieser Ersatzprodukte jeweils benutzen müsste, um sowohl den Energieaufwand für die Herstellung als auch die damit verbundenen CO_2-Emissionen aufzuwiegen.

Laut dieser Analyse scheint ein Strohhalme aus Edelstahl weniger empfehlenswert zu sein, auf der anderen Seite ist er nicht bruchgefährdet wie ein Glas- oder Bambushalm, sodass Sie ihn länger verwenden können. Egal, für welche Strohhalmalternative Sie sich entscheiden: Entscheidend ist, dass Sie sie auch nutzen, da die Produktion immer den Einsatz von beträchtlichen Ressourcen und Energie erfordert.

	Einwegtrinkhalm	Edelstahl-trinkhalm	Glastrinkhalm	Bambustrinkhalm
Enthaltene Energie (kJ/Trinkhalm)	23,7	2.420	1.074	756
CO_2-Emissionen (Gramm CO_2/Trinkhalm)	1,46	217	65,2	38,8
Notwendige Wiederverwendungszyklen, um die eingesetzte Energie auszugleichen	Einwegartikel	102	45	32
Notwendige Wiederverwendungszyklen, um die CO_2-Emissionen auszugleichen	Einwegartikel	149	45	27

Vielleicht lautet die beste Option, ganz auf Trinkhalme zu verzichten. Sagen Sie bei Ihrer nächsten Getränkebestellung einfach, dass Sie keinen Trinkhalm brauchen und möchten.

Notwendig für viele

Während Plastikstrohhalme in immer mehr Ländern verboten werden, weisen die Behindertenforschung und Behindertenvertreter darauf hin, dass Plastikhalme für viele Menschen eine schiere Notwendigkeit darstellen. Biegbare Trinkhalme wurden entwickelt, um Klinikpatientinnen und -patienten das Trinken zu erleichtern. Diese Erfindung hat vielen Menschen mit unterschiedlichen Beeinträchtigungen geholfen. Wer nicht in der Lage ist, einen Becher zum Mund zu führen, benötigt einen Strohhalm, und wiederverwendbare Trinkhalme sind für viele Betroffene keine Alternative: Papierstrohhalme oder Makkaroni bergen eine gewisse Erstickungsgefahr, und Trinkhalme aus Metall, Bambus oder Glas sind mit einem höheren Verletzungsrisiko verbunden und außerdem unflexibel. Bei Maßnahmen zur Vermeidung von Plastikmüll müssen daher die Auswirkungen auf alle Menschen, nicht nur auf die Mehrheit, berücksichtigt werden.

Ein Vater hilft seinem Sohn beim Trinken aus einem Becher. Für viele Menschen sind biegbare Plastikstrohhalme die beste Option.

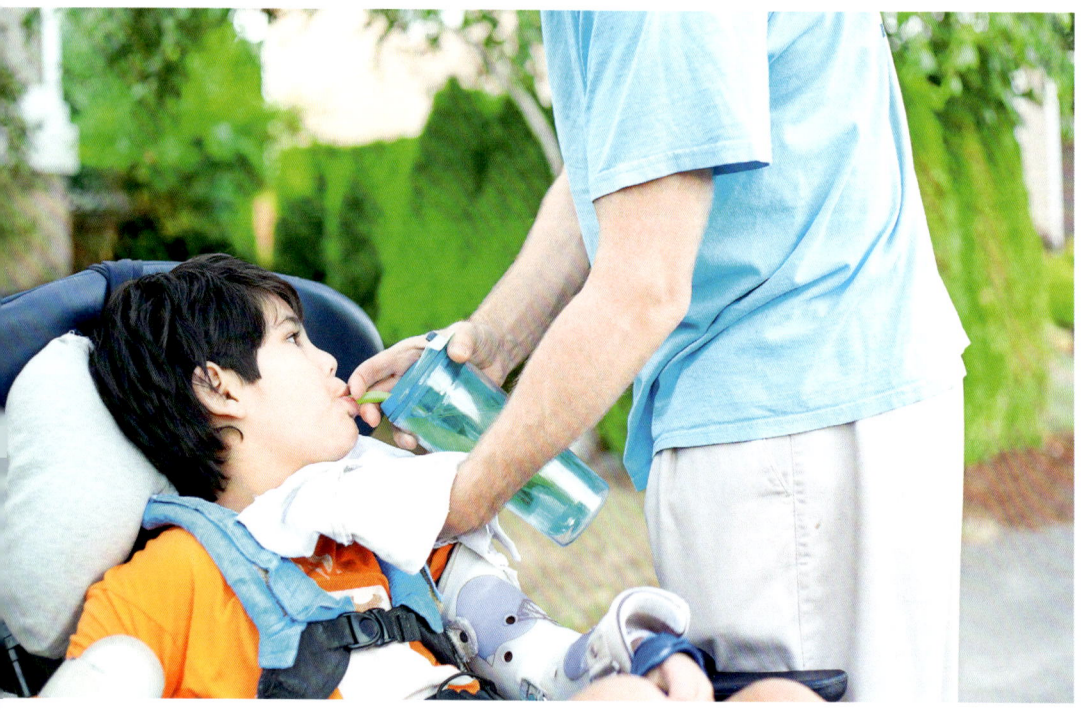

Plastiktüten

Plastiktüten wurden in den 1950er-Jahren erfunden und ersetzten schon in den 1980er-Jahren weitgehend die bis dahin üblichen Papiertüten. Forschende schätzen den weltweiten Jahresverbrauch an Plastiktüten auf 1 bis 5 Billionen Stück. Nimmt man den oberen Schätzwert als Grundlage, wären das 10 Millionen Tüten pro Minute. Nebeneinandergelegt ergäben 5 Billionen Plastiktüten eine Fläche, die zweimal so groß ist wie Frankreich. Der Plastiktütenverbrauch unterscheidet sich allerdings von Land zu Land deutlich. In Dänemark beispielsweise verbraucht der durchschnittliche Kunde etwa vier Plastiktüten pro Jahr, in den USA eine pro Tag. Auf der Karte finden Sie einige weitere Durchschnittswerte für die Anzahl der verbrauchten Tüten pro Einwohner:

Größe und Form der Plastiktragetaschen variieren, doch im Durchschnitt wiegt eine Tüte 5 Gramm. Die meist aus Polyethylen bestehenden Tüten eignen sich hervorragend für den Transport von Gegenständen, weil sie leicht, haltbar und stabil sind. Aus genau diesen Gründen sind sie allerdings auch unglaublich schädlich für die Umwelt. Aufgrund ihres geringen Gewichts und ihrer ballonartigen Form werden sie leicht in die Landschaft und ins Meer geweht, und aufgrund ihrer Haltbarkeit bleiben sie auch dem Planeten lange erhalten – manche Wissenschaftler gehen von 1.000 Jahren aus. Und auch wenn sie nicht abgebaut werden, können sie zu Mikroplastik zerfallen.

> Etliche Städte und Länder erheben inzwischen eine Gebühr auf Plastiktüten oder verbieten diese ganz (zur Wirksamkeit dieser Strategie siehe Kap. 3, S. 63–65).

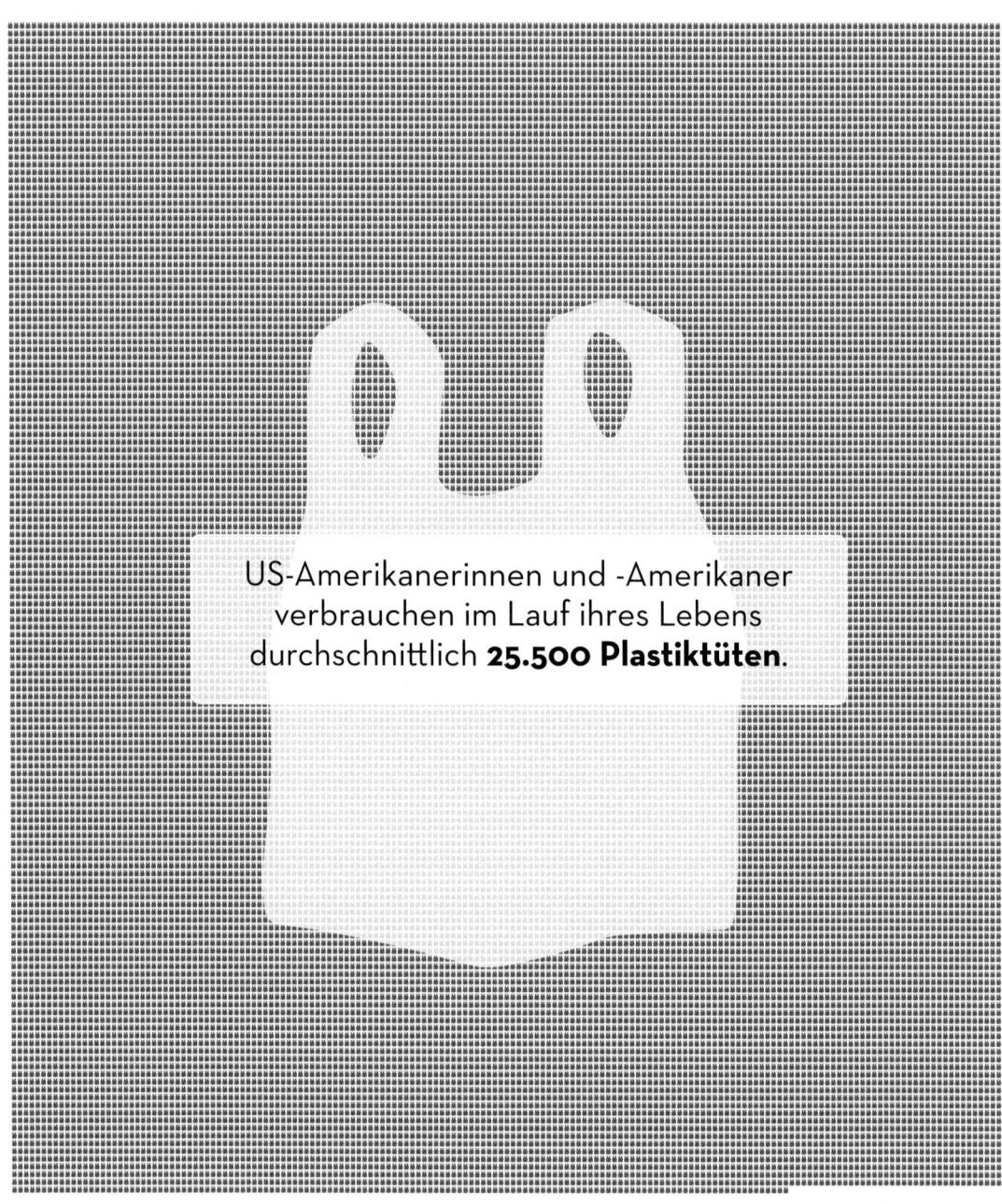

US-Amerikanerinnen und -Amerikaner verbrauchen im Lauf ihres Lebens durchschnittlich **25.500 Plastiktüten**.

Das entspricht **128 Kilogramm** Plastikmüll.

Alternativen: Wiederverwendbare Tragetaschen

Wiederverwendbare Tragetaschen und Beutel scheinen auf den ersten Blick ein guter Ersatz für Plastiktüten zu sein, doch eine von der dänischen Umweltschutzbehörde erstellte Ökobilanz stellt diese Annahme infrage. Der Bericht kommt zu dem Schluss, dass Baumwolltaschen in puncto Klimawandel, Wasserverbrauch und Luftverschmutzung negativere Auswirkungen haben als Tüten aus Einwegplastik. Eine Tragetasche aus Baumwolle muss 1.000-mal wiederverwendet werden, um genauso nachhaltig zu sein wie eine aus Plastik. Leider wurde in dieser Analyse nicht berücksichtigt, welche Auswirkungen Plastik auf die Umwelt hat, sobald es weggeworfen wird. Und diese Auswirkungen sind, wie bereits erwähnt, enorm: Schätzungsweise 100.000 Meeressäugetiere sterben Jahr für Jahr durch Plastikmüll.

Was tun? Angenommen, Sie verbrauchen im Lauf Ihres Lebens 25.500 Einwegtüten wie durchschnittliche US-Bürger, dann entspricht das im Hinblick auf die Umweltbelastung der Produktion von mehr als 25 Baumwolltaschen. Die Chancen stehen gut, dass Sie weniger Tragetaschen benötigen. Solange Sie also nicht jede hübsche Stofftragetasche kaufen, die Sie zu Gesicht bekommen, und die erworbenen über viele Jahre verwenden, sind Baumwolltaschen ein guter Tausch. Eine weitere Option sind die »6 Strategien zur Müllvermeidung im Alltag« (siehe Kap. 3) und die Grundregeln auf S. 102–103. Können Sie eine Tasche im Secondhandladen kaufen? Besitzt eine Freundin vielleicht eine Tragetasche, die sie nicht mehr benutzt? Auch aus einem alten Shirt, das Sie nicht mehr tragen, lässt sich ein Beutel herstellen (siehe Kap. 3, S. 50). Werden Sie kreativ!

Trotz allem wird es hin und wieder vorkommen, dass Sie Ihre Tasche vergessen und eine Plastiktüte brauchen. Achten Sie in diesem Fall darauf, dass Sie sie wiederverwenden. Nehmen Sie sie das nächste Mal mit in den Supermarkt, benutzen Sie sie als Müllbeutel, oder packen Sie Ihr Mittagessen darin ein. So wird eine Einweg- zur Mehrwegtüte.

Katastrophen, Krankheiten und Tod

Obwohl sie so leicht und klein sind, können Plastiktüten große Probleme verursachen. So verschlimmern sie manchmal die Auswirkungen von Naturkatastrophen weiter. Bei der Flutkatastrophe in Bangladesch 1998 beispielsweise blockierten Plastiktüten die Wasserabflüsse. Zwei Drittel des Landes standen unter Wasser, und 2.379 Menschen starben. Dieses verheerende Ereignis, das durch Plastikmüll weiter verschlimmert wurde, führte 2002 zu einem Verbot von Polyethylentüten.

In Ländern mit schlecht funktionierender Abfallentsorgung können weggeworfene Plastiktüten zur Verbreitung von Krankheiten beitragen. Feuchte Plastiktüten sind gute Brutstätten für Moskitos, die Malaria und andere Krankheiten verbreiten können.

Einwohner von Dhaka, Bangladesch, während der Flutkatastrophe von 1998.

Getränkeflaschen aus Plastik

Pro Minute werden weltweit fast eine Million Getränkeflaschen aus Kunststoff verkauft. Im Jahr 2016 waren es mehr als 480 Milliarden – Tendenz steigend. Obwohl der Kunststoff, aus dem die meisten Flaschen hergestellt werden (Polyethylenterephthalat, kurz PET), sich gut recyceln lässt, wandert weniger als die Hälfte der Flaschen tatsächlich in die Recyclinganlagen. Der Großteil landet auf Mülldeponien oder im Meer. US-Amerikanerinnen und -Amerikaner kauften 2015 11 Milliarden Getränke in Plastikflaschen – das sind 346 pro Person und Jahr. Plastikflaschen gibt es in verschiedenen Formen und Größen. Eine 500-Milliliter-Flasche von Coca-Cola (dem weltweit führenden Hersteller von Softdrinks) aus PET wiegt 24 Gramm.

Wer jährlich 346 in Plastikflaschen abgefüllte Getränke trinkt, verbraucht in seinem Leben **27.680 Flaschen**.

Das entspricht etwa **664 Kilogramm** Plastikmüll.

Wasser in Flaschen

In den USA war in Flaschen abgefülltes Wasser 2017 mit einem Gesamtverbrauch von über 51,8 Milliarden Litern das meistverkaufte Getränk. Die Marktforschung prognostiziert, dass dieser Markt weiter wachsen wird: von 199 Milliarden Dollar im Jahr 2017 bis auf 307 Milliarden Dollar im Jahr 2024. Für die meisten US-Bürger und viele andere Menschen auf der Welt ist Trinkwasser quasi kostenlos. Wie also konnte der Verkauf von Wasser zu einem milliardenschweren Geschäft werden?

Expertinnen und Experten haben einige Gründe gefunden. Wie so viele Konsumgüter ist abgefülltes Wasser womöglich eine Modeerscheinung – man denke nur an die Bewerbung bestimmter Wassermarken durch Prominente wie Jennifer Aniston, Idris Elba oder Mark Wahlberg. Ein weiterer Grund ist, dass der öffentliche Zugang zu Trinkwasser nicht immer und überall gesichert ist; Brunnen sind häufig defekt oder verschmutzt, was die Menschen davon abhält, sie zu benutzen. Zudem glauben viele, dass Wasser aus Flaschen weniger Risiken birgt als Leitungswasser, auch wenn in den meisten Ländern beide gleichwertig sind. Tatsächlich wird Leitungswasser oft sogar strenger geprüft. In Toronto, Kanada, beispielsweise wird das Leitungswasser alle sechs Stunden auf Bakterien getestet, doch es gibt keine staatliche Behörde, die das in Flaschen abgefüllte Wasser prüft.

Alternativen: Wiederverwendbare Trinkflaschen

Bei wiederverwendbaren Trinkflaschen gibt es viele Optionen, doch in der Regel bestehen sie entweder aus Edelstahl, Glas oder Kunststoff. Jedes dieser Materialien hat seine Vor- und Nachteile.

Edelstahl
- ✓ stabil und langlebig
- ✓ zu 100 Prozent recycelbar (ausschlaggebend sind die kommunalen Abfallrichtlinien)
- X energieintensive Herstellung
- X metallischer Geschmack

Glas
- ✓ hochgradig recyclingfähig (mit Ausnahme von bruchsicherem Glas)
- ✓ bester Geschmack
- X zerbrechlich
- X teuer

Plastik
- ✓ stabil
- ✓ geringster Energieverbrauch bei der Herstellung
- X gibt unter Licht- und Hitzeeinwirkung Chemikalien ab
- X nicht abbaubar

Notwendig für viele

Während Milliarden von Menschen auf der ganzen Welt nur den Wasserhahn aufdrehen müssen, um annähernd kostenlos sauberes Trinkwasser zu erhalten, haben 780 Millionen keinen Zugang zu einer »verbesserten Wasserquelle«. Die Weltgesundheitsorganisation (WHO) versteht unter einer verbesserten Wasserquelle nicht nur Leitungswasser, sondern auch öffentliche Zapfstellen, Bohrlöcher, geschützte Schachtbrunnen, geschützte Quellen und gesammeltes Regenwasser. Doch diese Wasserquellen bieten nicht immer sauberes Trinkwasser, sodass die Zahl der Menschen ohne Zugang zu sauberem Wasser wesentlich höher sein dürfte als 780 Millionen.

Insofern ist abgefülltes Wasser, auch wenn es sicherlich keine langfristige Lösung darstellt, für Millionen von Menschen auf der ganzen Welt eine notwendige Überbrückungshilfe.

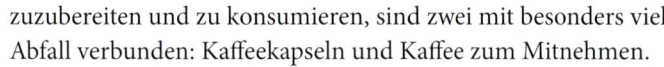

Kaffee und Tee

Milliarden von Menschen auf der ganzen Welt beginnen ihren Tag mit einem koffeinhaltigen Heißgetränk wie Kaffee oder Tee. Beide Getränke sind seit Jahrhunderten beliebt; je nach Region wird das eine dem anderen vorgezogen. Um Kaffee oder Tee zuzubereiten, wird kein Plastik benötigt; dass Plastikmüll hier dennoch ein Thema ist, liegt an unserer Bequemlichkeit.

Kaffee

Deutsche trinken im Schnitt zwei bis drei Tassen Kaffee pro Tag. Auf ein Jahr hochgerechnet, entspricht das 912 Tassen Kaffee. Unter den vielen Möglichkeiten, Kaffee zuzubereiten und zu konsumieren, sind zwei mit besonders viel Abfall verbunden: Kaffeekapseln und Kaffee zum Mitnehmen.

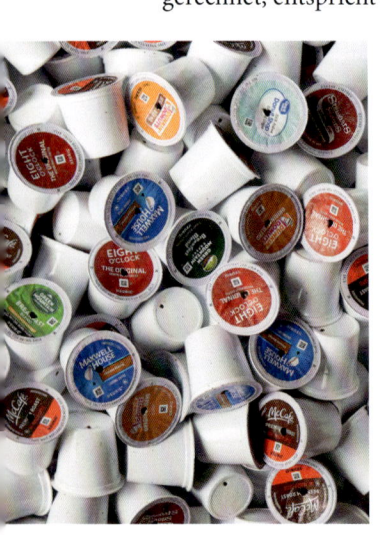

Kaffeekapseln

Besonders in Büros sind Kapsel-Kaffeemaschinen zur Zubereitung von Einzelportionen inzwischen sehr verbreitet. Als John Sylan, der Erfinder der in den USA beliebten Keurig-Kaffeemaschinen, die erste »K-Cup« herstellte, hielt er seine Erfindung noch für umweltneutral, weil jede Tasse Kapselkaffee, so seine Annahme, einen »Coffee to go« ersetzen würde. Was er nicht

Kaffeekapseln sind praktisch, verursachen aber jede Menge Abfall, der höchstwahrscheinlich auf der Mülldeponie oder in einer Müllverbrennungsanlage landet.

voraussehen konnte, war die große Beliebtheit der Kapselmaschinen in Privathaushalten. Heute bedauert er seine Erfindung und verzichtet auf die Verwendung von Kaffeekapseln.

Heute steht in 40 Prozent aller amerikanischen Haushalte eine Kapselmaschine zur Zubereitung einzelner Tassen Kaffee. Pro Minute werden rund 39.000 Kaffeekapseln hergestellt – in derselben Zeit landen 29.000 auf Mülldeponien. Aneinandergereiht könnte man die in einem Jahr weggeworfenen Kaffeekapseln Schätzungen zufolge zwölfmal um die Erdkugel legen. Obwohl immer mehr Hersteller dazu übergehen, Kapseln aus recyclingfähigen Materialen zu produzieren, können die meisten Kapseln bis heute nicht wiederverwertet werden oder müssen beim Händler abgegeben werden, weil sie sich nur in speziellen Anlagen recyceln lassen.

Leer wiegt eine Kaffeekapsel etwa 4 Gramm. Wenn Sie täglich zwei Tassen Kapselkaffee konsumieren, produzieren Sie in einem Jahr allein damit etwa 3 Kilogramm Plastikmüll.

> Laut der *New York Times* kostet ein Pound (454 Gramm) K-Cup-Kaffee etwa 50 Dollar. Wenn Sie pro Tag nur eine Tasse davon trinken, verbrauchen Sie im Jahr etwa 3,6 Kilo Kaffee. Klar, Ihre Kapselmaschine kann eine Tasse in weniger als 30 Sekunden zubereiten, aber ist Ihnen das rund 400 Dollar jährlich wert?

US-Bürger und -Bürgerinnen verbrauchen im Lauf ihres Lebens im Schnitt **43.800 Kaffeekapseln** pro Person.

Das entspricht rund **200 Kilogramm** Plastikmüll.

Kaffee-Einwegbecher

Nicht jeder Kaffee, den wir trinken, wird zu Hause oder im Büro zubereitet. Viele Menschen genießen ihren Kaffee gern unterwegs. Womöglich gehören Sie ja zu den wenigen, die ihren eigenen Becher mit in ihr Lieblingscafé bringen? In den USA tun dies gegenwärtig weniger als 5 Prozent der Menschen. So ein Einweg-Kaffeebecher mag im Vergleich zu einer Plastikwasserflasche auf den ersten Blick nicht allzu verwerflich wirken, schließlich ist er ja aus Pappe. Doch diese Pappbecher haben fast immer eine Innenbeschichtung aus Kunststoff, die dafür sorgt, dass der Becher dicht ist und das Getränk warm bleibt. Theoretisch können die Becher recycelt werden. Es gibt Anlagen, die die Beschichtung von der Pappe trennen können, aber sie sind dünn gesät und außerdem kostspielig. Weil herkömmliche Recyclinganlagen nicht dazu in der Lage sind, werden weniger als 1 Prozent der To-go-Becher recycelt. Der Rest landet auf der Deponie oder in der Umwelt.

Natürlich unterscheiden sich die Kaffeetrinkgewohnheiten von Mensch zu Mensch, doch nehmen wir einmal die Zahl der im Vereinigten Königreich verwendeten Kaffeebecher als Grundlage: 2011 wurden dort 2,5 Milliarden Becher weggeworfen – eine Zahl, die Forschenden zufolge seither noch gestiegen ist. Im Jahr 2011 lebten 63,18 Millionen Menschen im Vereinigten Königreich. Hätten sich all diese Kaffeebecher gleichmäßig über das Land verteilt, hätte 2011 jeder Brite und jede Britin 39,5-mal einen Coffee to go getrunken. Die Kunststoffbeschichtung wiegt etwa 0,1 Gramm, der Plastikdeckel durchschnittlich 3 Gramm.

Auch das für die Herstellung der Becher verwendete Papier ist mit Auswirkungen auf die Umwelt verbunden. Eine Studie zeigte, dass jeder Becher, rechnet man nicht nur die

US-Bürger und -Bürgerinnen kaufen im Lauf ihres Lebens durchschnittlich **2.567,5-mal** Kaffee im Einwegbecher.

Das entspricht rund **8 Kilogramm** Plastikmüll.

Produktion, sondern auch den Transport ein, CO_2-Emissionen in Höhe von 0,11 Kilogramm verursacht. Weil für die Herstellung außerdem Bäume gefällt werden, hat der Coffee-to-go-Konsum auch negative Folgen für die Ökosysteme und die Fähigkeit der Wälder, CO_2 zu binden.

Alternativen: French-Press-Kannen und wiederverwendbare Becher

Wenn Sie Ihren Kaffee überwiegend zu Hause aufbrühen, ist die Zubereitung mit einer Kapselmaschine vielleicht praktisch, aber auch teuer und nicht nachhaltig. Was also ist die umweltfreundlichste Option für die Kaffeezubereitung? Kaffeeexperten und -expertinnen empfehlen die sogenannte French-Press- oder Pressstempelkanne (insbesondere, wenn das benötigte Wasser in einem Wasserkocher erhitzt wird). Dabei wird am wenigsten Energie verbraucht und kaum Abfall produziert.

Spare in der Zeit, so hast du in der Not

Es empfiehlt sich, immer nur so viel Kaffee zuzubereiten, wie man tatsächlich trinken möchte. Eine ganze Kanne Filterkaffee aufzubrühen, aber dann nur eine Tasse zu trinken, verschwendet mehr Ressourcen als die Zubereitung einer Tasse Kapselkaffee, weil der Anbau des Kaffees so energie- und ressourcenintensiv ist. Eine Tasse Kaffee erfordert sage und schreibe 140 Liter Wasser für Anbau, Verarbeitung und Transport der Bohnen – etwas, das man bedenken sollte, bevor man den Inhalt einer Kanne in den Abfluss gießt.

Wenn Sie Ihren Kaffee gern unterwegs trinken (oder einfach professionell zubereiteten Kaffee bevorzugen), bringen Sie am besten einen wiederverwendbaren Becher mit. Die Vor- und Nachteile sind insgesamt ähnlich wie bei wiederverwendbaren Trinkflaschen, doch ein unbestreitbarer Vorteil ist die Kostenersparnis für beide Seiten: Oft bekommen Sie einen Rabatt, wenn Sie Ihren eigenen Becher mitbringen, und der Kaffeeverkäufer muss weniger Geld für Einwegbecher ausgeben.

Tee

Tee ist nach Wasser das beliebteste Getränk der Welt. Die Ernährungs- und Landwirtschaftsorganisation der Vereinten Nationen schätzt, dass weltweit täglich sechs Milliarden Tassen Tee getrunken werden. Die Briten, die ihren Tee bekanntlich besonders lieben, trinken 2,5 Tassen pro Person und Tag.

Seit Jahrhunderten wird dieses Getränk aus losen Teeblättern zubereitet, und viele Menschen genießen es bis heute auf diese Weise. Doch seit der Erfindung des Teebeutels Anfang des 20. Jahrhunderts hat das Aufgießen von Beuteltee der traditionellen Zubereitungsform den Rang abgelaufen.

Teebeutel

Anfangs bestanden Teebeutel aus Papier, Seide oder Baumwolle. Bis heute werden Teebeutel häufig aus Papier bzw. Zellulosefasern hergestellt, aber zum Teil mit Kunststoffkleber versiegelt, andere bestehen ganz aus Kunststoff. Ungefüllt wiegt ein typischer Teebeutel kaum 0,5 Gramm. Wenn Sie im Alter von 15 Jahren anfangen, täglich 2,5 Tassen Tee zu trinken, werden Sie am Ende Ihres Lebens voraussichtlich 59.312,5 Tassen Tee konsumiert haben. Falls Sie dazu Teebeutel aus Kunststoff verwenden, entspricht das 30 Kilo Plastikmüll, der nicht biologisch abbaubar ist.

Noch beunruhigender als die Menge an Plastik, das wir wegwerfen, ist vielleicht die Menge an Plastik, die wir aufnehmen. Eine kanadische Studie von 2019 ergab, dass ein einziger Teebeutel aus Kunststoff bei einer Aufbrühtemperatur von 95 °C etwa 11,6 Milliarden Mikroplastik- und 3,1 Milliarden Nanoplastikpartikel freisetzt – in einer einzigen Tasse. Obwohl diese Beutel aus lebensmittelechtem Kunststoff bestehen, beginnen sie sich in heißem Wasser nach fünf Minuten zu zersetzen.

Diese Zahlen klingen erschreckend, aber ist das wirklich ein Grund zur Sorge? In derselben Studie untersuchten die Wissenschaftler, wie sich diese Mikro- und Nanoplastikpartikel aus Teebeuteln auf Wasserflöhe (die für Toxizitätsexperimente üblicherweise verwendeten Tiere) auswirken. Ergebnis: Die Partikel waren nicht tödlich, beeinträchtigten aber die Schwimmfähigkeit der Tiere und ließen ihre Panzer anschwellen. Andere Studien haben die Auswirkungen von Mikroplastik auf Algen, Zooplankton, Fische und

Teebeutel aus Kunststoff sind eine versteckte Quelle von Mikroplastik in unserem Tee.

Mäuse dokumentiert. In einigen dieser Untersuchungen wurde festgestellt, dass über die Nahrung aufgenommenes Mikroplastik in Körperzellen gelangen kann – was bedeuten würde, dass Plastikpartikel nicht nur durch unser Verdauungssystem wandern, sondern auch Teil unserer Zellen werden können. Noch ist dies Spekulation, und es ist nicht erwiesen, ob sich diese Ergebnisse auf Menschen übertragen lassen. Laut der Weltgesundheitsorganisation gibt es derzeit keine Hinweise auf Gesundheitsrisiken für uns Menschen.

Wenn es jedoch um die Verringerung der Müllmenge geht, ist das Ergebnis eindeutig: Tee aus losen Blättern ist eine leicht umzusetzende plastikfreie Alternative.

Streng genommen handelt es sich bei Mikroplastik um Kunststoffpartikel mit einer Größe zwischen 100 Nanometern und 5 Millimetern. Bei Partikeln, die kleiner sind als 100 Nanometer, spricht man von Nanoplastik. Zwar werden manche Kunststoffe eigens in Mikro- oder Nanogröße produziert, doch im Allgemeinen resultieren solche Partikel aus dem Zerfall größerer Kunststoffe. Mikro- und Nanoplastik ist mit zahlreichen Problemen verbunden: Es lässt sich nicht nur schwer beziffern und beseitigen, auch die wissenschaftliche Bewertung der Auswirkungen auf Tiere und Menschen ist schwierig.

Tee, der aus losen Blättern und mit einem wiederverwendbaren Sieb aufgebrüht wird, erzeugt am wenigsten Abfall. Lose-Blatt-Tee ist außerdem in größeren Verpackungseinheiten erhältlich.

Mikroplastik in Lebensmitteln und Getränken

Die Gefahr, winzige Plastikteilchen zu nippen oder darauf herumzukauen, beschränkt sich nicht auf den Teegenuss. Mikroplastik wurde auch in Speisesalz nachgewiesen, und zwar in einer Menge von bis zu 681 Partikeln pro Kilo. In einer Studie wurde festgestellt, dass ein Drittel der untersuchten Fischproben Plastik enthielten. In Muscheln wurden im Schnitt 0,4 Mikroplastikpartikel pro Gramm gefunden. Auch in unserem Leitungswasser sowie in den 240 verschiedenen, weltweit erhältlichen Flaschenwassermarken wurde Mikroplastik nachgewiesen. Eine kürzlich durchgeführte Studie ergab, dass wir pro Woche durchschnittlich (abhängig von Alter und Geschlecht) 5 Gramm Mikroplastik zu uns nehmen – das entspricht einer Kreditkarte.

Produktverpackungen

Der größte Teil der industriell produzierten Kunststoffe dient Verpackungszwecken. Jedes Jahr werden allein dafür 146 Millionen Tonnen Plastik hergestellt – das entspricht 35,9 Prozent der gesamten Kunststoffproduktion. Die meisten Plastikverpackungen werden nur einmal verwendet und dann entsorgt. Einige besonders problematische Verpackungstypen werden im Folgenden vorgestellt.

Klemmblister und andere Blisterverpackungen

Der Klapp- oder Klemmblister, eine 1978 erfundene Form der Blisterverpackung, besteht aus einem einzigen Stück Kunststoff, das sich dank eines Scharniers in der Mitte auf- und zuklappen lässt. Dieser Verpackungstyp ist im Einzelhandel sehr beliebt, weil das Produkt auf diese Weise von beiden Seiten sichtbar ist. Zu den Nachteilen gehört, dass das Öffnen einer Klemmblisterverpackung einiges an Nerven kosten kann. Die englische Sprache hat dafür sogar einen eigenen Begriff geprägt: »wrap rage« (etwa: Auspackfuror). Jahr für Jahr benötigen Tausende von Menschen aufgrund von Verletzungen, die sie sich bei dem Versuch, eine solche Blisterverpackung zu öffnen, zugezogen haben, ärztliche Hilfe. Heißsiegelverpackungen sind besonders schwer zu öffnen, da sie häufig gegen Manipulation gesichert sind.

Klemmblister lassen sich nicht nur schwer öffnen, sondern auch nur schwer recyceln. Obwohl sie häufig aus PET, einem prinzipiell gut recycelbaren Kunststoff, hergestellt werden, tragen sie oft Aufkleber, die sich nicht entfernen lassen, und sind damit ungeeignet für ein Recycling. Andere Klemmblister bestehen aus PVC, das sich prinzipiell schwer recyceln lässt.

Bei den anderen Blisterverpackungen sieht es nicht viel besser aus. Denken Sie etwa an eine Batterieverpackung mit Kartonrücken oder an eine Tablettenverpackung mit Aluminiumrücken. Auch diese Materialien lassen sich nur schwer von dem verwendeten Kunststoff trennen. Vor dem Hintergrund eines sich wandelnden globalen Recyclingmarktes (siehe Kap. 3, S. 56) bedeuten das, dass die meisten dieser Verpackungen zwangsläufig auf der Müllkippe landen. Die Stadt Calgary im kanadischen Bundesstaat Alberta beispielsweise lagerte ab 2017 insgesamt 2.000 Tonnen Klemmblisterverpackungen ein, in der Hoffnung, dass sich der internationale Recyclingmarkt wieder

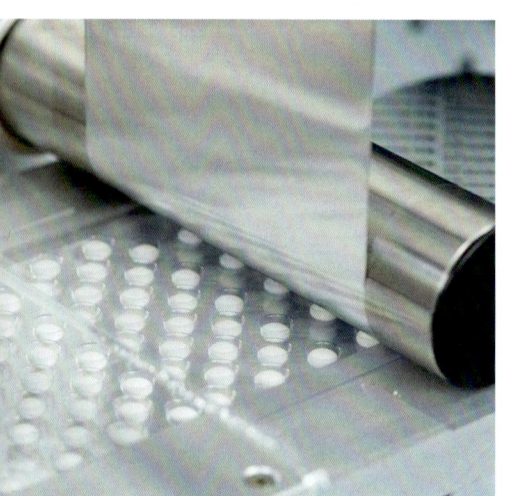

Eine Maschine bringt eine Folie auf die Blisterverpackung auf. Aufgrund der Verbindung von Folie und Kunststoff lassen sich solche Verpackungen nur schwer recyceln

Die Kartons, in denen online bestellte Waren geliefert werden, sind oft mit zusätzlichem Verpackungsmaterial gefüllt, um die Waren vor Beschädigung zu schützen.

stabilisieren würde; leider waren die Lagerkosten (250.800 US-Dollar seit 2017) zu hoch, deshalb landeten die Verpackungen letztlich auf der Deponie.

Onlineshopping

Das Onlineshopping hat sich weltweit zu einer milliardenschweren Industrie entwickelt. Im Jahr 2021 wurden allein in Deutschland 4,51 Milliarden Pakete verschickt. Gegenüber 2011 bedeutet dies ein Zuwachs von rund 83 Prozent. 2017 wurden allein in den USA 165 Milliarden Pakete verschickt. Laut einer Umfrage aus dem Jahr 2019 wird 24 mal pro Jahr etwas online bestellt. Dieser Trend geht mit einem deutlich höheren Verpackungsaufwand einher als herkömmliches Einkaufen im stationären Einzelhandel, aber woran liegt das?

Die Abläufe im Einzelhandel sind recht simpel: Waren werden in großen Mengen zunächst in ein Warenlager und von dort in das jeweilige Geschäft geliefert. Beim Onlineshopping hingegen werden durchschnittlich viermal mehr Stationen durchlaufen, und die Waren werden als Einzelsendungen geliefert. Außerdem erfordert der Versand viel zusätzliche Polsterung, damit die Ware unversehrt ihr Ziel erreicht. Einer Studie zufolge wird ein Paket im Schnitt 17-mal fallen gelassen, bevor es an der Haustür der Kundinnen und Kunden ankommt. Oft werden die Waren in viel größere Kartons gepackt, damit genügend Platz für all die Luftpolsterbeutel aus Plastik ist, die die Einkäufe schützen sollen.

Alternativen: Stationärer Einzelhandel

Es mag sehr verlockend sein, Produkte bequem von zu Hause aus (und im Schlafanzug) online zu bestellen. Laut einer Studie des Massachusetts Institute of Technology (MIT) wird beim Onlineshopping jedoch fünfmal mehr Verpackungsmaterial verwendet als bei einem Einkauf im Laden (bei Eilsendungen sogar 5,5-mal mehr). Wer im stationären Einzelhandel einkauft, spart also eine Menge Müll. Allerdings fallen Einkäufe in Geschäften vor Ort tendenziell größer aus. Einem Bericht zufolge gaben in den USA 71 Prozent der Kundinnen und Kunden eines Ladengeschäfts mehr als 50 Dollar aus; bei den Onlineshoppern waren es nur 54 Prozent.

Läden nutzen clevere Methoden, um Impulskäufe zu fördern, und mehr Impulskäufe bedeuten mehr Abfall. Wer zu Impulskäufen neigt, sollte vor dem Einkauf eine Einkaufsliste erstellen und sich daran halten. Oder wie wäre es, das Gewünschte nach einem Online-»Schaufensterbummel« in einem Geschäft vor Ort einzukaufen, um Abfall zu vermeiden?

Wenn Sie etwas im Internet bestellen müssen, sollten Sie versuchen, die Wahrscheinlichkeit von Rücksendungen zu reduzieren. Onlinebesteller neigen dazu, zu viel zu bestellen und dann 25 bis 30 Prozent der Artikel zu retournieren (im Vergleich zu 6 bis 10 Prozent im stationären Einzelhandel). Kleidergrößen beispielsweise fallen von Marke zu Marke ein bisschen unterschiedlich aus. Da man ein Kleidungsstück, das im Internet angeboten wird, nicht anprobieren kann, bestellt man häufig ein und denselben Artikel in mehreren Größen, in der Absicht, das, was nicht passt, zurückzusenden. Leider haben einige Marken und Händler festgestellt, dass es billiger ist, die Retouren zu verbrennen oder auf einer Deponie zu entsorgen, als die zurückgesandte Ware sorgfältig zu prüfen und womöglich neu zu verpacken. In Frankreich ist diese Praxis inzwischen verboten, dennoch ist sie bei einigen Marken und Onlinehändlern weltweit noch immer üblich. Wenn Sie das nächste Mal eine Jeans im Internet kaufen möchten, sollten Sie also lieber zweimal messen und dann einmal bestellen.

Lebensmittelverpackungen

Denken Sie an Ihren letzten Lebensmitteleinkauf oder Ihre letzte Take-away-Mahlzeit zurück: Vermutlich haben Sie zu Hause einige Plastikverpackungen in den Müll geworfen. Etwa 70 Prozent der Verpackungsmaterialien entfallen auf Lebensmittel und Getränke. Und weil mehr als 35 Prozent aller produzierten Kunststoffe für Verpackungen verwendet werden, lässt sich leicht ausrechnen, dass knapp 25 Prozent der Kunststoffe als Verpackung für unsere Lebensmittel und Getränke dienen.

Portionsbeutel

Abgepackte Einzelportionen von Produkten aller Art – von Shampoos und Waschmitteln bis hin zu Snacks, Gewürzen und Tee – sind praktisch, hygienisch und ein echtes Problem für unseren Planeten.

Ob Getränkepulver, Ketchup oder Schokoriegel: Alles Mögliche wird in Tütchen und Sachets als Einzelportion verkauft. Diese Plastikverpackungen werden nur selten recycelt. Dafür gibt es im Wesentlichen drei Gründe:

1. Portionsbeutel bestehen häufig aus mehreren Lagen von unterschiedlichen Kunststoffen und sogar Aluminium und Papier. Diese Schichten zu trennen ist zwar grundsätzlich möglich, aber in der Praxis zu kostspielig.

2. Portionsbeutel sind in der Regel aus dünnem, leichtem Material und neigen dazu, in Recyclinganlagen stecken zu bleiben, was zu Verzögerungen im Ablauf und teuren Reparaturen führt.

3. Die für Portionsbeutel verwendeten Kunststoffe sind meist minderwertig. Entsprechend gering ist die Zahl der Käufer für diese Art von recyceltem Kunststoff.

Forschende haben herausgefunden, dass 60 Prozent aller Portionstütchen von nur zehn Unternehmen hergestellt werden. Die Hauptproduzenten sind Nestlé, Unilever und Procter & Gamble. Manche Umweltaktivisten und -aktivistinnen sind der Meinung, dass diese Konzerne für den Plastikmüll, der auf diese Weise entsteht, zur Verantwortung gezogen werden sollten, da sie den Markt wissentlich mit solchen Produkten überschwemmen, gerade auch in Teilen der Welt, in denen die Kapazitäten für die Entsorgung der Verpackungsabfälle fehlen.

Das Sachets-Problem auf den Philippinen

Portionsbeutel sind zwar weltweit üblich, aber in asiatischen Ländern besonders beliebt. Dies gilt insbesondere für die Philippinen, wo täglich mehr als 163 Millionen bunte Plastiktütchen verbraucht werden. Nicht nur die schiere Zahl ist ein Problem – pro Jahr werden fast 60 Milliarden solcher Sachets verkauft, genug, um 130.000 Fußballfelder damit zu bedecken –, problematisch sind die Einzelverpackungen auch deshalb, weil viele Menschen nur begrenzt Zugang zum Abfallentsorgungssystem haben. In vielen Vierteln von Manila gibt es keine Müllabfuhr, sodass die Bewohner ihren Müll auf die Straße oder in den nächsten Fluss werfen. Und selbst bei einer flächendeckend funktionierenden Abfallentsorgung bliebe das Problem, dass sich der Löwenanteil der Tütchen nicht recyceln lässt.

Portionspackungen wie dieses Shampoo-Sachet sind auf den Philippinen und in anderen asiatischen Ländern zu einem erheblichen Umweltproblem geworden.

Alternativen: Großpackungen

Multinationale Unternehmen argumentieren gern damit, dass Sachets einkommensschwächere Kunden mit hochwertigen Produkten versorgen würden, die sich diese ansonsten nicht leisten könnten. Aber stimmt das auch? In Wirklichkeit ist es teurer, täglich Kleinportionen zu kaufen, als dieselbe Produktmenge in einer Großpackung (und mit weniger Abfall). Das Argument ist also vorgeschoben und zielt weniger auf die Verbesserung der Lebensqualität von Kundinnen und Kunden als vielmehr auf die Steigerung des Unternehmensprofits.

Frischhaltefolie

Die Erfindung der Frischhaltefolie in den 1930er-Jahren beruhte auf einer zufälligen Entdeckung: einer hartnäckigen klebrigen Ablagerung am Boden eines Reagenzglases. Heute verbrauchen US-Amerikanerinnen und -Amerikaner jedes Jahr so viel Frischhaltefolie, dass man damit ganz Texas einwickeln könnte. Rund 80 Millionen Amerikaner bringen es auf eine ganze 150-Meter-Rolle Klarsichtfolie in sechs Monaten; etwa 5 Millionen be-

Wenn Sie pro Halbjahr eine 150-Meter-Rolle Frischhaltefolie verbrauchen würden, kämen Sie im Lauf Ihres Lebens auf **160 Rollen**.

=

Das sind **24 Kilometer** Plastik – das entspricht 60 Runden auf einer Standard-Rennbahn.

nötigen sogar zehn Rollen pro Jahr. Wer zu diesen »Superverpackern« gehört, verbraucht in seinem Leben rund 800 Rollen oder 120 Kilometer Frischhaltefolie.

Da dieses ultradünne Material Maschinen zum Stillstand bringen kann, ist es nicht recyclinggeeignet. Außerdem wird es zumeist aus PVC hergestellt, einem Kunststoff, der gesundheitsschädliche Dioxine freisetzt, wenn er auf Deponien gelagert oder in einer Müllverbrennungsanlage verbrannt wird.

Alternativen: Wiederverwendbare Verpackungen und Behälter

Nutzen Sie zum Aufbewahren von Lebensmitteln Glasbehälter oder wiederverwendbare Verpackungsmaterialien, z. B. Bienenwachstücher, die abgewaschen und über lange Zeit verwendet werden können.

Kochboxen

Ins Haus gelieferte Kochboxen für die Zubereitung von Mahlzeiten erfreuen sich steigender Beliebtheit. Sämtliche Zutaten für das jeweilige Gericht werden abgemessen bzw. abgewogen und einzeln verpackt geliefert, was zumeist mit einer Menge Plastikmüll verbunden ist. Ein Kunde des Anbieters Blue Apron hat das Plastik in seiner Kochbox (die drei Mahlzeiten enthielt) einmal gewogen und kam auf 108 Gramm. Einem Nielsen-Report zufolge kauften 14,3 Millionen US-Haushalte im zweiten Halbjahr 2018 solche Boxen zum Kochen. Legt man das Gewicht der Plastikverpackungen zugrunde, das für ein typisches »Meal Kit« von Blue Apron ermit-

Die Zutaten von Kochbox-Gerichten sind meist einzeln verpackt – oft in Plastik.

telt wurde, kommt man auf 1.544.400 Kilogramm Plastikabfall – in nur einer Woche. Darin sind die Gefrierbeutel, die mit jedem Paket mitgeliefert werden, noch nicht einmal enthalten.

Auf den ersten Blick scheinen Kochboxen wegen der schieren Menge an Plastikverpackungen also keine nachhaltige Option zu sein. Doch könnten sie womöglich »grüner« sein als Einkäufe im Lebensmittelhandel? Dieser Frage sind Forschende am Center for Sustainable Systems der University of Michigan am Beispiel fünf verschiedener Gerichte nachgegangen. Dazu zählten ein Nudelgericht, ein Gericht mit Lachs sowie ein Cheeseburger. Die Wissenschaftler bereiteten jedes Gericht zweimal zu: einmal mit Zutaten aus dem Supermarkt und einmal mit den Zutaten aus einer Kochbox. Anschließend ermittelten sie die Treibhausgasemissionen, die beim Anbau der Lebensmittel, beim Transport der Zutaten, bei der Verpackung und durch Lebensmittelabfälle entstanden. Ihre Analyse ergab, dass die mit den im Supermarkt gekauften Lebensmitteln zubereiteten Gerichte im Schnitt etwa 33 Prozent mehr Treibhausgasemissionen verursachten als die Kochbox-Gerichte. Dies lag vor allem daran, dass durch die vorportionierten Zutaten in den Kochboxen ein geringerer Anteil der Lebensmittel im Abfall landete.

Diese Studie zeigt, dass es wichtig ist, Plastikalternativen sorgfältig zu prüfen. Manchmal ist die Abfallmenge unübersehbar (wie im Fall von Kochboxen), doch in anderen Fällen ist uns weniger bewusst, mit wie viel Abfall ein Produkt verbunden ist, obwohl die Auswirkungen womöglich gravierender sind.

Essenslieferdienste und Take-away-Mahlzeiten

Gerichte und Getränke zum sofortigen Verzehr zu kaufen oder zu bestellen ist Teil unseres modernen Lebensstils geworden. Schätzungen zufolge wird der weltweite Markt für Essenslieferdienste dank der wachsenden Popularität von Online-Bestellplattformen und Apps bis 2025 einen Wert von 200 Milliarden Dollar haben.

In Kanada nehmen 54 Prozent der Bürgerinnen und Bürger mindestens einmal pro Woche eine Restaurant- oder Take-away-Mahlzeit ein. Wenn Sie einmal pro Woche ein Essen zum Mitnehmen kaufen oder ein Gericht bei einem Lieferdienst bestellen und diese Mahlzeiten in einem 670-Milliliter-Behälter aus Polypropylen geliefert werden, der einschließlich Deckel durchschnittlich 28 Gramm

Im Lauf ihres Lebens konsumieren US-Bürgerinnen und -Bürger durchschnittlich **3.120 Gerichte zum Mitnehmen oder von Lieferdiensten**.

Das entspricht **87 Kilogramm** Plastikmüll.

Essenslieferdienst-Apps in China

Wie in vielen Teilen der Welt boomt auch in China das Geschäft mit Take-away- und Lieferservice-Mahlzeiten – verbunden mit einem hohen Preis für die Umwelt. Forschende schätzen, dass das Geschäft mit Online-Essensbestellungen in China 2017 zu 1,45 Millionen Tonnen Verpackungsmüll geführt hat. Die Branche war so schnell gewachsen, dass der entstandene Abfallberg – über 1,2 Millionen Tonnen Plastikbehälter, 140.000 Tonnen Plastiktüten und 40.000 Tonnen Plastiklöffel – neunmal größer war als noch zwei Jahre zuvor. Über Meituan, eine der beliebtesten Apps, wurden 2018 6,4 Milliarden Bestellungen ausgeliefert – ein Anstieg um mehr als

Ein Meituan-Lieferant mit einer Essenstüte in Shenzhen, China.

50 Prozent gegenüber 2017. Wenn das in Ihren Ohren überwältigend klingt, sollten Sie sich vor Augen führen, dass China pro Kopf nicht einmal die Hälfte der Abfallmenge produziert, die in den USA üblich ist (1,1 Kilogramm pro Tag und Person in China, verglichen mit 2,58 Kilogramm pro Tag und Person in den USA. In Deutschland sind es 1,25 Kilogramm). Außerdem ist die Recyclingquote in China höher als in den USA, auch wenn das Recycling zu einem großen Teil von einzelnen Müllsammlern abhängt.

Dies ist eines von mehreren Problemen des chinesischen Recyclingsystems: Weil die Behälter für die gelieferten Gerichte gereinigt werden müssen und sehr leicht sind, müssen die nach Gewicht bezahlten Müllsammlerinnen und -sammler eine große Anzahl zusammenbekommen, damit sich der Aufwand lohnt. Ein halber Tag Arbeit bringt vielleicht nur ein paar Cent ein, und so landen viele Behälter, obwohl sie recycelbar sind, auf der Mülldeponie. Ein weiteres Problem ist, dass in vielen Regionen Chinas offizielle Abfallentsorgungseinrichtungen dünn gesät sind, sodass viel Müll in die Umwelt gelangt. Allein mit dem Jangtse ergossen sich laut einer Schätzung im Jahr 2015 über 15 Millionen Tonnen Plastik ins Meer. Berücksichtigt man die durch die Popularität der Lieferdienste gestiegene Müllmenge, könnte diese Zahl inzwischen deutlich höher sein.

wiegt, macht das in einem Jahr 1,4 Kilogramm Plastik. Dabei sind Plastikbesteck, Strohhalme und separate Soßentüten nicht einmal mit eingerechnet. Hinzu kommt gegebenenfalls noch die – manchmal doppelte – Plastiktüte, die das Auslaufen verhindern soll.

Eine Studie aus dem Jahr 2018 untersuchte die Umweltauswirkungen dreier Materialien für Take-away-Behälter: extrudiertes Polypropylen, extrudiertes Polystyrol und Aluminium. Analysiert wurden 12 verschiedene Dimensionen für den gesamten Lebenszyklus der jeweiligen Verpackung, darunter Klimaschädlichkeit, Ressourcenverbrauch und die Meerestoxizität. Das Ergebnis: Polypropylen-Behälter hatten in sieben der untersuchten Dimensionen die größten negativen Auswirkungen auf die Umwelt. Polystyrol-Behälter schnitten insgesamt am besten ab, da für ihre Herstellung weniger Energie benötigt wird, sowohl im Hinblick auf das Material als auch im Hinblick auf den Stromverbrauch. Allerdings sind die wenigsten Kommunen in der Lage, Polystyrol-Behälter zu recyceln, sodass auch sie keine wirklich nachhaltige Option darstellen.

Alternativen: Essen im Restaurant oder gute Vorbereitung

Wenn Sie das nächste Mal eine Mahlzeit außer Haus einnehmen möchten, überlegen Sie, ob Sie nicht lieber gleich im Restaurant essen wollen. Vorausgesetzt, Sie haben genügend Zeit, können Sie auf diese Weise einiges an Abfall vermeiden. Weil das nicht immer möglich ist, hier ein paar Tipps für Ihre nächste Essensbestellung:

Nehmen Sie Ihr eigenes Besteck mit. Wenn Sie unterwegs etwas essen möchten, können Sie Plastikbesteck sparen, indem Sie Messer und Gabel mitbringen. Sie benötigen kein angesagtes Bambusbesteck, Ihr normales Besteck von zu Hause tut es auch.

Stecken Sie ein Stofftaschentuch ein. Warum wickeln Sie Ihr Besteck nicht in ein Taschentuch oder eine Stoffserviette? Auf diese Weise können Sie auf Papierservietten oder einzeln verpackte Feuchttücher verzichten. Werfen Sie Ihr Tuch zu Hause einfach in die Waschmaschine.

Bringen Sie Ihren eigenen Behälter mit. Fragen Sie das Restaurant oder den Imbissbetrieb, ob es möglich ist, Ihnen das Essen in Ihren eigenen Behälter zu füllen. Das funktioniert auch in manchen Lebensmittelgeschäften: Bitten Sie Ihren Metzger doch beim nächsten Mal, das Fleisch direkt in Ihren mitgebrachten Behälter zu legen, statt es in Plastik oder Wachspapier einzuwickeln.

Konfigurieren Sie Ihre Bestellung. In Imbissbuden und Fast-Food-Restaurants kann man sich oft nicht aussuchen, was in die Tüte kommt. Plastikbesteck, Ketchuptütchen und Servietten werden automatisch mitgeliefert – es sei denn, Sie verlangen ausdrücklich, dass darauf verzichtet wird. Bei manchen Online-Bestelldiensten hat man vor dem Bezahlen die Möglichkeit, solches »Zubehör« wegzuklicken. Der US-Essenslieferdienst Seamless sparte dank dieser Option in einem Jahr mehr als 1 Million Servietten und Besteck ein.

Wenn Sie es sich zur Gewohnheit machen, für Unterwegs-Mahlzeiten einen Kaffeebecher, einen Behälter und Besteck mitzunehmen, verbrauchen Sie deutlich weniger Einwegplastik.

Von der Verpackung bis zu den Produkten selbst wird für Binden und Tampons viel Plastik verwendet.

Menstruationsprodukte

Zwischen Pubertät und Menopause hat die Hälfte der Weltbevölkerung ihre Menstruation. Dieses monatliche Ereignis ist mit einigem Plastikmüll verbunden.

Eine Studie, für die 250 US-Amerikanerinnen befragt wurden, ergab, dass 19 Prozent während ihrer Menstruation nur Binden, 29 Prozent ausschließlich Tampons und 52 Prozent beides verwenden. Laut einer vorsichtigen Schätzung verbraucht eine Frau durchschnittlich fünf Binden oder Slipeinlagen und 20 Tampons pro Regelblutung, wenn man davon ausgeht, dass ihre Periode fünf Tage dauert und der Tampon alle sechs Stunden gewechselt wird. Das wären 240 Tampons und 60 Binden pro Jahr. Tampons wiegen im Schnitt 4 Gramm, moderne Binden 5 Gramm. Auch wenn Tampons zum großen Teil aus Zellstoff und/oder Baumwolle bestehen, sind sie einzeln in Folie verpackt. Wenn es einen Applikator gibt, ist der meist aus Kunststoff, die Rückholbändchen bestehen häufig ebenfalls aus Plastik, und oft enthält auch der Tampon selbst synthetische Fasern. Binden sind ebenfalls einzeln in Kunststofffolie verpackt, enthalten Kunststoffkleber, damit sie an Ort und Stelle bleiben, eine Auslaufbarriere aus Kunststoff sowie saugfähige Polymere auf Erdölbasis. Da Menstruationsprodukte als medizinische Abfälle gelten, landet der Großteil auf Deponien.

> Im Jahr 2018 wurden in den USA 5,8 Milliarden Tampons gekauft. Daraus resultierten 23,2 Millionen Kilogramm Abfall.

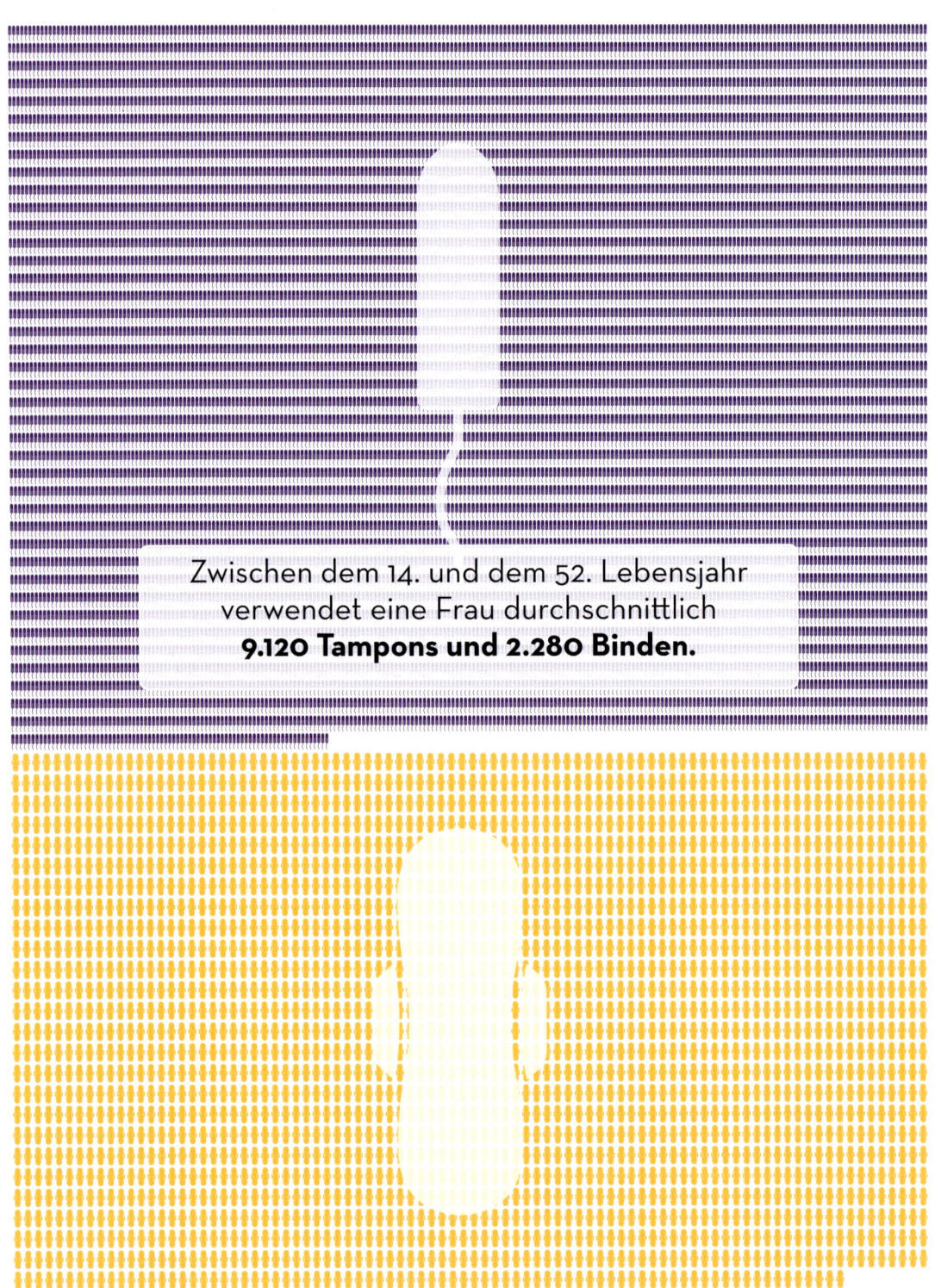

Zwischen dem 14. und dem 52. Lebensjahr verwendet eine Frau durchschnittlich **9.120 Tampons und 2.280 Binden.**

Das entspricht fast **50 Kilogramm** Plastikmüll.

Menstruationstassen aus Silikon sind heute eine beliebte Alternative zu Einwegtampons und -binden.

Alternativen: Innovative Menstruationsprodukte

In den letzten Jahren sind Dutzende von neuen Menstruationsprodukten auf den Markt gekommen – zum Glück für alle, die etwas an ihrem Plastikverbrauch ändern wollen. Einige nachhaltige Optionen allerdings gibt es schon seit Jahrzehnten. So verringern etwa Tampons ohne Applikator oder mit einem Applikator aus Pappe die Plastikmüllmenge von Menstruationsprodukten erheblich. Auch Menstruationstassen, die in die Vagina eingeführt werden, sind inzwischen weit verbreitet. Obwohl sie häufig aus Kunststoff besteht, kann eine Menstruationstasse mehrere Jahre lang verwendet und bis zu 12 Stunden am Stück getragen werden. Das reduziert nicht nur die Müllmenge, sondern spart auch Geld, und das Risiko des Auslaufens ist vergleichsweise gering. Andere Alternativen sind waschbare Binden aus Baumwolle. Zu den neueren Erfindungen gehören sogenannte Periodenslips: Unterwäsche aus mehreren Schichten von Spezialstoffen, die das Menstruationsblut vom Körper wegleiten und auslaufsicher absorbieren. Zwar bestehen diese Slips größtenteils aus Polymeren und tragen daher zum Plastikmüllaufkommen bei, doch wenn Sie sie mehrere Jahre lang verwenden, können auch solche Produkte Ihren Plastik-Fußabdruck erheblich verkleinern.

Dennoch besteht bei allen Arten von Menstruationsprodukten Anlass zur Sorge, da diese Erzeugnisse weltweit kaum Regulierungen unterliegen. Studien haben gezeigt, dass viele Damenbinden gewisse Mengen an Phthalaten und flüchtigen organischen Verbindungen enthalten – Chemikalien, die mit Krebs, Asthma und Hormonstörungen in Verbindung gebracht werden. In den Periodenslips eines Herstellers wurden 2020 per- und polyfluorierte Alkylverbindungen (PFAS) gefunden, die auch in Reinigungsmitteln, Farben und wasserdichten Textilien vorkommen und in Verdacht stehen, Krebserkrankungen und Unfruchtbarkeit zu fördern. Die in Menstruationsprodukten gefundenen Mengen sind wahrscheinlich nicht toxisch, können jedoch bei Dauergebrauch zum Problem werden. Informieren Sie sich über die Alternativen, und entscheiden Sie sich für die für Sie persönlich beste Lösung.

Körperpflegeprodukte

Ob Deodorant, Shampoo oder Lippenstift: Die meisten Schönheits- und Körperpflege-produkte stecken in Plastikflaschen, -dosen oder -hülsen. Allein mit Verpackungslösun-gen für Körperpflegeprodukte macht die Verpackungsindustrie einen Umsatz von fast 25 Milliarden Dollar, und der Großteil dieser Verpackungen besteht aus Plastik. Denken Sie an die Produkte, die Sie Tag für Tag verwenden: Wie viele davon befinden sich in einer Plastikverpackung?

Alternativen: Plastikfrei verpackte Kosmetik

Wenn Sie das nächste Mal Schönheits- und Körperpflegeartikel kaufen, sollten Sie fol-gende Alternativen in Betracht ziehen:

Fest statt flüssig. Flüssige Körperpflegeprodukte wie Shampoos und Duschgele werden in der Regel in Plastikflaschen verkauft. Wenn Sie auf Seife, feste Shampoos und Condi-tioner umsteigen, können Sie die Menge an Plastikmüll deutlich reduzieren. Außerdem sind feste Reinigungsprodukte konzentrierter und damit ergiebiger.
Nachfüllen. In immer mehr Städten gibt es Unverpackt-Läden. Dort können Sie das, was Sie benötigen, in mitgebrachte Dosen und Flaschen füllen und dann nach Gewicht oder Volumen bezahlen. Auch leere Shampoo- und Duschgelflaschen können in Unverpackt-Läden nachgefüllt werden.
Do it yourself. Für Deodorants, Trockenshampoos und Badesalze gibt es in Büchern und im Internet unzählige Rezepte zum Selbermachen. Wenn Sie die Zutaten im Großhandel oder aus Unverpackt-Läden beziehen, können Sie solche Pflegeprodukte in der jeweils benötigten Menge selbst herstellen.

Rasierer

Ob Beine, Achseln, Gesicht oder Brust: Viele von uns rasieren sich regelmäßig. Schätzungsweise 163 Millionen US-Ame-rikaner und -Amerikanerinnen ver-wenden dazu Einwegrasierer. Während die Klingen aus Metall bestehen, ist der Griff meist aus Kunststoff, und diese

In Unverpackt-Läden bieten häufig auch Körperpflege- und Kosmetikprodukte in Groß-behältern an, sodass dass Sie mitgebrachte Flaschen und Gläser einfach auffüllen können.

Zusammensetzung erschwert das Recycling. Die Firma Gilette, ein führender Hersteller solcher Rasierer, empfahl einst, Einwegrasierer alle fünf Wochen zu wechseln, und manche Dermatologen raten, je nachdem, wie oft man sich rasiert, sogar zu einer noch kürzeren Verwendungsdauer, um die Ansammlung von Bakterien zu vermeiden. Wer als Teenager mit der Rasur begonnen hat und seinen Einwegrasierer jeweils nach fünf Wochen austauscht, verbraucht im Lauf seines Lebens fast 700 Rasierer. Setzt man das Gewicht eines Einwegrasierers mit 10 Gramm an, landen dabei insgesamt 7 Kilogramm Plastik auf der Mülldeponie.

Alternativen: Sicherheitsrasierer

Sicherheitsrasierer (auch »Rasierhobel« genannt) waren einmal das weltweit bevorzugte Rasurwerkzeug. Die Anfang des 19. Jahrhunderts erfundenen Sicherheitsrasierer verdanken ihren Namen der Tatsache, dass das Schnittverletzungsrisiko bei dieser Rasiermethode geringer war als bei der in Herrensalons üblichen Rasur mit Rasiermessern. Weil bei Sicherheitsrasierern lediglich die Stahlklinge gewechselt werden muss, sind sie eine plastikfreie und wegen der geringen Kosten für Klingen auch sehr preisgünstige Option. Ein alter Sicherheitsrasierer ist vielleicht die beste Wahl, da solche Dinge früher so hergestellt wurden, dass sie ein Leben lang hielten. Sie finden Sicherheitsrasierer ein wenig furchteinflößend? Rasierer mit austauschbaren Klingenkassetten tragen zwar immer noch zum Plastikmüll bei, weil diese Klingen außer Metall auch Kunststoff enthalten, sind aber gegenüber Einwegrasierern immer noch das kleinere Übel.

Sicherheitsrasierer sind eine plastikfreie und preisgünstige Alternative zu Einwegrasierern.

Zahnbürsten

Das Konzept einer »Zahnbürste« gibt es im Prinzip schon seit 3.000 v. Chr. Mit »Kaustöcken« – Zweigen mit ausgefransten Enden – rieb man sich zu jener Zeit die Zähne sauber. Zahnbürsten mit Borsten, ähnlich denen, die wir heute verwenden, kamen erstmals 1498 in China auf. Die Borsten stammten vom Schweinenacken und wurden an Griffen aus Bambus oder Knochen befestigt. Borsten aus dem Kunststoff Nylon gibt es seit 1938. Heute werden fast alle Zahnbürsten, ob manuell oder elektrisch, aus Kunststoff hergestellt. Das Zähneputzen beginnt im frühen Kindesalter, sobald der erste Zahn durchbricht, und wer den Empfehlungen der Zahnmedizin folgt, wechselt seine Bürste alle drei Monate. Eine Handzahnbürste wiegt durchschnittlich 20 Gramm.

In den USA werden jedes Jahr mehr als 1 Milliarde Zahnbürsten entsorgt. Würde man sie alle aneinanderhängen, könnte man diese Kette viermal um den Planeten wickeln.

Ein Mensch benutzt im Lauf seines Lebens im Schnitt **320 Zahnbürsten**.

Das entspricht **6,4 Kilogramm** Plastikmüll.

Körperpflege auf Reisen

Haben Sie schon einmal vergessen, Ihre Zahnbürste in den Koffer zu packen, und dann eine benutzt, die Ihnen das Hotel zur Verfügung gestellt hat? Hotel-Toilettenartikel verursachen eine Menge Müll, denn die kaum benutzten Seifen und Shampoos werden einfach weggeworfen, sobald ein Gast ausgecheckt hat. Um diese Auswirkungen in Grenzen zu halten, verbietet die chinesische Stadt Shanghai solche Hotel-Einwegartikel wie Zahnbürsten, es sei denn, ein Gast fragt ausdrücklich danach. Den Hotels wurde mitgeteilt, dass sie mit einer Geldstrafe von umgerechnet rund 720 Euro rechnen müssen, wenn sie verbotene Toilettenartikel unaufgefordert in den Zimmern bereitstellen. Wie einige andere Hotels und Hotelketten hat auch Marriott beschlossen, Einweg-Toilettenartikel durch nachfüllbare Pumpspender zu ersetzen. Mit dieser Änderung, die von 7.000 Hotels in 132 Ländern umgesetzt wurde, kann verhindert werden, dass Jahr für Jahr 500 Millionen Plastikfläschchen auf der Müllkippe landen – das sind schätzungsweise 771.000 Kilogramm Plastik.

Alternativen: Recyclingprogramme und biologisch abbaubare Bürsten

Zahnbürsten sind, auch wenn es in den verschiedenen Ländern und Kommunen unterschiedliche Recyclingprogramme gibt, in der Regel nicht recycelbar. Das liegt daran, dass sie aus mehreren Materialien bestehen, die miteinander verbunden sind und sich nur schwer voneinander trennen lassen. Damit Zahnbürsten die Chance auf ein zweites Leben bekommen, haben sich Hersteller von Zahnpflegeprodukten mit TerraCycle zusammengetan und ein Rücknahmeprogramm eingerichtet. Ausgediente Handzahnbürsten und leere Zahnseidebehälter können gesammelt und kostenfrei an spezialisierte Recyclingzentren geschickt werden. Für leere Zahnpastatuben und -kartons sowie elektrische Zahnbürsten gibt es diese Möglichkeit leider nicht. Alternativ können Sie zu Zahnbürsten aus Materialien greifen, die biologisch abbaubar sind. In erster Linie wird dafür Bambus verwendet, doch auch bei Bambuszahnbürsten werden die Borsten, von wenigen Ausnahmen abgesehen, immer noch aus Nylon gefertigt.

Vielleicht möchten Sie ja ganz auf herkömmliche Zahnbürsten verzichten und stattdessen Zahnputzhölzer verwenden? Ein Neem-Stick beispielsweise ist, wie der Name schon verrät, ein Zweig des Neem-Baums und zur Zahnpflege geeignet. Laut einer Studie können Beläge durch vorsichtiges Bearbeiten der Zähne mit dem faserigen Ende ebenso effizient entfernt werden wie mit einer herkömmlichen Zahnbürste. Zahnputzhölzer sind zu 100 Prozent kompostierbar. Fragen Sie Ihren Zahnarzt oder Ihre Zahnärztin, ob solche Sticks für Ihre Mundpflege geeignet sind. Eine unsachgemäße Anwendung kann das Zahnfleisch schädigen.

Zigaretten

Man hört viel über Einwegplastiktüten, -strohhalme und -kaffeebecher, aber eins der schlimmsten Müllprobleme bleibt merkwürdigerweise oft unerwähnt: Zigarettenkippen. Vielleicht liegt es daran, dass sie so klein und unscheinbar sind – eine Kippe wiegt nur rund 0,17 Gramm – und auch auf den ersten Blick gar kein Plastik zu enthalten scheinen. Doch der Filter, also der Teil, aus dem eine Zigarettenkippe weitgehend besteht, wird aus Kunststoff hergestellt. Zigarettenkippen machen den Löwenanteil des bei Strandsäuberungsaktionen gesammelten Abfalls und Schätzungen zufolge auch 20 bis 50 Prozent des auf den Straßen eingesammelten Mülls aus.

Zigarettenfilter haben keinen nachgewiesenen gesundheitlichen Nutzen. Ursprünglich entwickelt, damit beim Rauchen keine losen Tabakkrümel in Mund und Atemwege gelangen, werden sie heute zu Marketingzwecken eingesetzt und sollen suggerieren, dass Rauchen auf diese Weise weniger gesundheitsschädlich ist. Die Filter bestehen aus dem Kunststoff Zelluloseacetat, der sich wie die meisten Kunststoffe erst nach langer Zeit abbaut.

Obwohl die Zahl der Raucher und Raucherinnen in den letzten Jahrzehnten zurückgegangen ist, rauchen immer noch schätzungsweise 1,1 Milliarden Menschen weltweit jedes Jahr etwa 6 Billionen Zigaretten. Die Kippen von rund zwei Dritteln dieser Zigaretten werden einfach in die Umgebung geworfen. Nicht jede Zigarette hat einen Filter, die meisten allerdings schon. Wer im Teenageralter damit beginnt, täglich eine Schachtel

Zigarettenkippen sind der am häufigsten eingesammelte Abfall an den Stränden der Welt.

(etwa 20 Zigaretten) zu rauchen, kommt in seinem Leben auf rund 474.500 Zigaretten. Darin enthalten sind 80,67 Kilogramm Plastik. Wenn zwei Drittel der Kippen in der Umwelt landen, sind das 53,78 Kilogramm Plastikmüll. So giftig, wie der Zigarettenrauch für den menschlichen Körper ist, so giftig sind Zigaretten auch für die Umwelt, denn sie enthalten Schwermetalle und Tausende von Chemikalien. Wenn Zigarettenstummel im Regen aufweichen, sickern diese Substanzen in den Boden ein. Studien unter kontrollierten Laborbedingungen haben gezeigt, dass die in Wasser gelösten Gifte aus einer einzigen Kippe etwa 50 Prozent der Fische töten, die damit in Berührung kommen (LD50-Test, siehe Kasten rechts unten).

Weggeworfene Plastikfeuerzeuge, wie diese 540 Stück, die 2016 bei einer Müllsammelaktion auf dem Midway-Atoll eingesammelt wurden, sind ein weiteres Beispiel dafür, dass Rauchen zum Plastikmüllproblem beiträgt.

Alternativen: Selbst gedrehte Zigaretten

Wenn Sie rauchen und die Auswirkungen Ihres Zigarettenkonsums auf die Umwelt verringern möchten, haben Sie mehrere Möglichkeiten. Zunächst einmal haben Filter erwiesenermaßen so gut wie keinen gesundheitlichen Nutzen, deshalb ist der Umstieg auf filterlose Zigaretten ein guter Anfang. Da der Filter aber verhindert, dass Tabakreste in den Körper gelangen, empfehlen Experten selbst gedrehte Zigaretten mit einem wiederverwendbaren Filter zu nutzen. Im Internet finden Sie Anleitungen zum Drehen von Zigaretten. Selbst gedrehte Zigaretten haben die geringsten Auswirkungen auf die Umwelt, außerdem gibt Ihnen das die Möglichkeit, heimischen, biologisch angebauten Tabak zu verwenden, was mit geringerem Pestizideinsatz und weniger transportbedingten Emissionen verbunden ist.

Ein gängiges Maß in toxikologischen Studien ist der LD50-Wert: die Dosis einer Substanz, bei der 50 Prozent der Versuchstiere sterben. Der LD50-Test wird verwendet, um das Gefährdungspotenzial von Substanzen zu bestimmen.

Einweg-Schutzausrüstung wie Masken und Handschuhe bestehen größtenteils aus Kunststoff. Wenn sie achtlos weggeworfen werden und in die Kanalisation gelangen, belasten sie Gewässer und Kläranlagen.

Plastik und die COVID-19-Pandemie

Anfang 2020 brachte die COVID-19-Pandemie die Welt zum Stillstand. Rund um den Globus veränderten sich die Lebensgewohnheiten mit großer Geschwindigkeit, und einige dieser Veränderungen betrafen unser Verhältnis zu Plastik. Übertragen wird das Virus durch winzige Tröpfchen, die beim Husten, Sprechen, Atmen und Niesen einer infizierten Person in die Luft entweichen. Eine mögliche Schutzmaßnahme ist das Tragen einer sogenannten persönlichen Schutzausrüstung (PSA). Die meisten Elemente dieser PSA, u. a. Masken und Handschuhe, bestehen aus Kunststoff. Obwohl die Schutzwirkung von Masken zeitweise heftig umstritten war, werden sie immer noch in gewaltigen Stückzahlen gekauft und nach Verwendung entsorgt. In Deutschland beispielsweise wurden seit Beginn der Pandemie schätzungsweise 17 Milliarden Masken und mehrere Milliarden Einmal-Handschuhe benötigt. Einer Prognose des World Wildlife Fund zufolge könnten, wenn nur 1 Prozent der Masken falsch entsorgt werden, bis zu 170 Millionen Masken in die Umwelt gelangt sein. Eine Maske wiegt etwa 4 Gramm, was bedeutet, dass mit den Masken etwa 7.000 Tonnen Plastik zusätzlich in die Umwelt gelangt sein könnten.

Die Pandemie wird uns auch weiterhin vor neue Herausforderungen im Kampf gegen den Plastikmüll stellen (und vielleicht auch neue Möglichkeiten eröffnen).

Der Tribut, den COVID-19 bislang gefordert hat, ist sehr bitter, und die Auswirkungen dieser Pandemie werden wahrscheinlich noch jahrzehntelang zu spüren sein. Es ist wichtig, dass wir unser Möglichstes tun, um Leben zu retten. Dabei sollten wir uns jedoch an die besten verfügbaren wissenschaftlichen und ärztlichen Empfehlungen halten, kritisch bleiben, was Informationsquellen betrifft, und uns nicht von den Profiteuren eine Katastrophe beeinflussen lassen.

Die COVID-19-Pandemie wird viele Aspekte unseres Lebensstils vermutlich für lange Zeit verändern – angefangen bei unseren Einkaufsgewohnheiten bis hin zur Bekämpfung des Plastikmüllproblems.

So berechnen Sie Ihren Fußabdruck für Einweg- und kurzzeitig genutztes Plastik

Wie Sie bei der Lektüre dieses Kapitels feststellen konnten, können selbst kleine Mengen Plastik im Lauf eines Lebens einen Berg von Plastikmüll ergeben. Weil die genannten Verbrauchszahlen auf Durchschnittswerten beruhen, weichen Ihre Konsumgewohnheiten an der einen oder anderen Stelle davon ab. Wenn Sie ein Gefühl dafür bekommen möchten, wie groß Ihr Plastik-Fußabdruck tatsächlich ist, sollten Sie eine Woche lang aufschreiben, wie viel Plastik Sie verbrauchen.

Ihr Plastikmüll-Audit

Ihr persönliches Plastikmüll-Audit zeigt Ihnen in Form einer Liste, wie viel Einwegplastik Sie in einer Woche wegwerfen. So lässt sich hochrechnen, wie viel Plastik Sie in einem Jahr oder im Lauf Ihres Lebens wegwerfen. Damit Ihr Audit aussagekräftig wird, ist es wichtig, dass Sie erstens sorgfältig dokumentieren, wie viel Plastik Sie wegwerfen, und dass Sie zweitens Ihre Gewohnheiten während dieser Zeitspanne nicht ändern.

Versuchen Sie, im Lauf einer Woche über jedes Stück Plastik, das Sie wegwerfen, entweder in einem Notizbuch, das Sie bei sich tragen, oder mithilfe Ihres Handys Buch zu führen. Vielleicht möchten Sie Ihren Plastikmüll in Kategorien unterteilen – das macht es konkreter und hilft Ihnen, sich am Ende der Woche ein genaueres Bild von Ihrem Plastikmüllberg zu verschaffen. Wenn Sie dazu einige der in diesem Kapitel behandelten Kategorien verwenden, könnte Ihre Aufstellung zum Beispiel folgendermaßen aussehen:

Gegenstand	Zahl pro Woche	Zahl pro Jahr
Strohhalme	2	104
Plastiktüten	3	156
Kaffeekapseln	6	312
Coffee-to-go-Becher	1	52
Take-away- und Lieferdienst-Essensverpackungen	2	104
Plastikschalen für Obst und Gemüse	5	260
Kaugummiverpackungen	1	52
Tampons	23	276

Am Ende der Woche multiplizieren Sie die Anzahl der weggeworfenen Plastikartikel mit 52, um zu ermitteln, wie viele dieser Artikel Sie voraussichtlich übers Jahr wegwerfen. Bei Artikeln wie Tampons und Binden, die Sie nur einmal im Monat benutzen, multiplizieren Sie die Zahl entsprechend mit 12.

Doch damit ist das Audit noch nicht beendet. Erstellen Sie nun eine zweite Liste, auf die Sie alles an Plastik setzen, was Sie länger als eine Woche nutzen. Dazu gehören Kunststoffflaschen für Würzsoßen, Putzmittel, Shampoo etc., Schwämme, Make-up- und Zahnpastatuben, Zahnbürsten, Einmalrasierer usw. – im Prinzip also alle Plastikartikel, die Sie in der Absicht kaufen, sie nach ein paar Wochen oder Monaten oder wenn das darin befindliche Produkt verbraucht ist, wegzuwerfen. Dabei kann es hilfreich sein, jeden Raum Ihrer Wohnung zu durchforsten und zu notieren, welche Plastikartikel dieser Kategorie Sie dort finden. Wenn Ihre zweite Liste vollständig ist, notieren Sie, wie viele dieser Plastikartikel Sie in einem Jahr verbrauchen.

Wenn Sie diese beiden Listen vor sich haben, bekommen Sie ein Gefühl dafür, wie viel Plastikmüll Ihr Lebensstil in nur einem Jahr verursacht. Stellen Sie sich nun die Menge an Plastikmüll vor, die sich daraus für den Rest Ihres Lebens ergibt, und nehmen Sie sich Zeit, um darüber nachzudenken, wie dieser Berg wohl aussieht und welche Bedeutung das für Sie hat.

- Wie viel Raum nimmt Ihr Plastikabfall auf dem globalen Müllberg ein?
- Geht die Menge an Plastikmüll, die Ihr Lebensstil verursacht, für Sie in Ordnung?
- Welche einfachen Veränderungen können Sie jetzt und hier vornehmen, um Ihren Plastikfußabdruck zu verkleinern?
- Welche Veränderungen sind schwieriger zu bewerkstelligen? Was macht sie so schwierig? Sehen Sie Möglichkeiten, diese Schwierigkeiten zu überwinden?

Sinn dieser Übung ist nicht, Ihnen ein schlechtes Gewissen zu machen, weil Sie so viel Plastik verbrauchen. Sie soll Ihnen vielmehr dabei helfen, herauszufinden, was die größten Posten in Ihrem Plastikkonsum sind, und Ihre Alltagsgewohnheiten kritisch zu überdenken. Auf dieser Grundlage können Sie die Entscheidung treffen, Ihre Gewohnheiten zu ändern und wirksame Maßnahmen zu ergreifen, um sich aus der Plastikfalle zu befreien.

Kapitel 6

Den Plastik-Fußabdruck verkleinern

In den vorangegangenen Kapiteln wurden die vielfältigen Auswirkungen von Plastik auf unseren Planeten – von der Rohstoffgewinnung über die Herstellung bis hin zur Entsorgung – dargestellt. Im sechsten und letzten Kapitel möchte Ihnen die wichtigsten Lösungen für das Plastikproblem noch einmal ins Gedächtnis rufen und Sie motivieren, den Kampf gegen die Plastikflut fortzusetzen.

Skyscraper – der Wal von Brügge wurde von der amerikanischen Architektur- und Designfirma StudioKCA 2018 für die Triennale in Brügge geschaffen. Der Wal besteht aus 5 Tonnen Plastikabfällen aus dem pazifischen Müllteppich, die auf Hawaii gesammelt wurden. Das Kunstwerk sollte das Problem des Plastikmülls in unseren Ozeanen ins Bewusstsein rücken.

Wegweiser in eine plastikmüllfreie Zukunft

Die wichtigsten Erkenntnisse und Tipps aus diesem Buch lauten folgendermaßen: Vermeiden kommt vor recyceln. Wenn Sie Ihren Plastik-Fußabdruck verkleinern möchten, sollten Sie als Erstes Ihren Konsum reduzieren. Hinterfragen Sie Ihr Einkaufsverhalten, bevorzugen Sie Waren mit wenig Verpackung, und kaufen Sie, wann immer möglich, in einem Ladengeschäft statt online ein. Recycling ist zwar ein wichtiger Faktor, wenn es darum geht, das Plastikmüllaufkommen zu reduzieren, aber es vermag die Menge an Plastikabfällen, die Sie durch Ihren Konsum erzeugen, nicht zu neutralisieren.

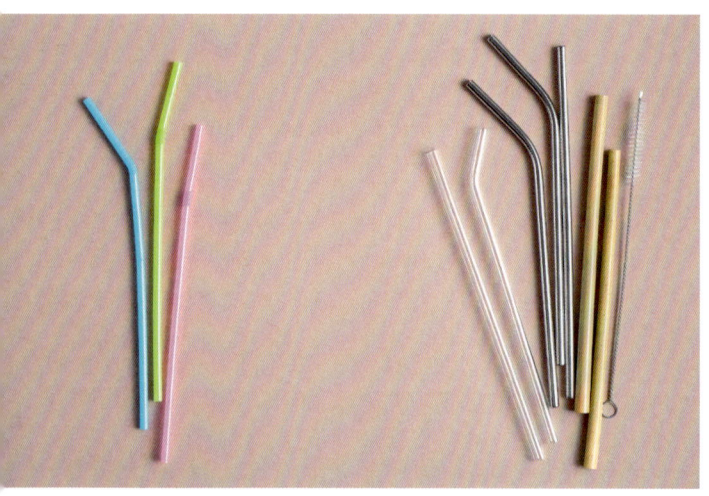

Das Abwägen der Vor- und Nachteile von Plastik-alternativen ist wichtig, wenn Sie Ihre Konsumgewohnheiten umweltfreundlicher gestalten möchten.

Wählen Sie clevere Alternativen. Wer Plastik im Alltag vermeiden oder ersetzen will, sollte die Alternativen prüfen, denn nicht alles, was auf den ersten Blick nachhaltiger zu sein scheint, erfüllt diese Erwartung auch. Recherchieren Sie also gründlich. Kaufen Sie im Zweifel secondhand, oder erkundigen Sie sich im Freundeskreis, ob jemand Ihnen den benötigten Gegenstand ausleihen kann.

Ziehen Sie regelmäßig Bilanz. Wie viel Plastikmüll wir im Lauf einer Woche oder eines Jahres tatsächlich produzieren, wird uns nur selten bewusst. Nach Gebrauch werfen wir eine Plastikverpackung meist einfach weg und vergessen sie. Eines der Ziele dieses Buchs ist, Ihnen vor Augen zu führen, wie viel Plastikmüll Sie im Lauf der Zeit anhäufen – je nachdem, welche Entscheidungen Sie treffen. Machen Sie sich ein paarmal im Jahr die Mühe eines Plastikmüll-Audits, und Sie werden wahrscheinlich feststellen, dass sich kleine Veränderungen Ihres tagtäglichen Konsumverhaltens zu großen Veränderungen Ihres Plastik-Fußabdrucks summieren.

Fossile Brennstoffe zählen auch. Fossile Energieträger und Plastik sind untrennbar miteinander verbunden. Neunundneunzig Prozent aller Kunststoffe werden aus fossilen Brennstoffen hergestellt. Neben der Umweltverschmutzung durch Plastikmüll sind daher auch die CO_2-Emissionen zu berücksichtigen, die bei der Gewinnung fossiler Energieträger und der Herstellung von Plastik entstehen. Wenn Institutionen und Regierungen nicht länger Kapital in Kohle, Öl und Gas investieren, wird dies erhebliche Auswirkungen auf die Kunststoffproduktion und den Plastikmüllberg haben. Hunderte von Institutionen auf der ganzen Welt, darunter Universitäten, religiöse Organisationen und Pensionsfonds, haben ihr Anlagevermögen aus dem Geschäft mit fossilen Brennstoffen abgezogen. Fordern Sie Institutionen, die noch mit der Fossilindustrie verbunden sind, dazu auf, es ihnen gleichzutun.

Regulieren, überprüfen, sich engagieren. Maßnahmen auf politischer Ebene funktionieren besser, wenn sie erstens von einem Gremium gesteuert werden, das die Interessen der Menschen im Auge hat, wenn zweitens ihre Wirksamkeit kontinuierlich überprüft wird und wenn drittens die Kommunen in die Lösungsfindung einbezogen werden. Überall auf der Welt haben Kommunen und Gruppierungen, die mit den Anstrengungen ihrer Regierung unzufrieden waren, im Rahmen von Bürgerbeteiligungsprozessen Maßnahmen auf ihre Wirksamkeit überprüft, schlechte Lösungen kritisiert und neue vorgeschlagen. Wenn Sie finden, dass Ihre Regierung mehr tun und in ein besseres Monitoring investieren sollte, üben Sie Druck auf Ihre Abgeordneten aus. Falls dies nicht zum Erfolg führt, können Sie sich mit Nachbarn und Gleichgesinnten zusammentun und Ihre Kompetenzen bündeln, um die Lücken zu schließen.

Unternehmen zur Verantwortung ziehen. Die Unternehmen müssen für ihre Rolle in der Plastikmüllkrise zur Rechenschaft gezogen werden. Plastik ist nach wie vor ein preiswertes Material, weil die Auswirkungen, die es bei seiner Herstellung und am Ende seines Lebenszyklus verursacht, nicht mitgerechnet werden. Würden Unternehmen für die wahren Kosten herangezogen, würden Kunststoffe vielleicht klüger eingesetzt. Nutzen Sie Ihre Social-Media-Accounts, um auf den Plastikmüll aufmerksam zu machen, den Unternehmen verursachen. Wenn Sie Verpackungsmüll auf der Straße liegen sehen und der Markenname erkennbar ist, folgen Sie der Anregung von Greenpeace: Machen Sie ein Foto, und posten Sie es unter dem Hashtag #IsThisYours, um das jeweilige Unternehmen aufzufordern, Verantwortung für den von ihm verursachten Abfall zu übernehmen.

Tausende von Menschen nahmen am 26. Juni 2019 an der »Time Is Now«-Demonstration in London teil und forderten von der britischen Regierung Maßnahmen gegen den Klimawandel.

Innovationen fördern. Von Seabins bis hin zu Verpackungsmaterial aus

Pilzmycel: Die Fähigkeit zu innovativen Problemlösungen gehört zu den wunderbarsten Eigenschaften der Spezies Mensch. Mit dieser uns eigenen Kreativität werden wir auch weiterhin Lösungen zur Eindämmung des Plastikmülls entwickeln. Falls Sie Start-ups kennen, die auf diesem Gebiet großartige Arbeit leisten, unterstützen Sie sie, wenn möglich, indem Sie entweder in diese Unternehmen investieren oder andere darauf aufmerksam machen.

Gemeinsam aktiv werden. So wichtig unser individuelles Handeln ist: Wir können noch mehr erreichen, wenn wir zusammenarbeiten. Es geht darum, Lösungen zu finden, die in größerem Maßstab umgesetzt werden können. Sie wissen nicht, wo Sie beginnen sollen? Wenden Sie sich an bereits existierende Umweltinitiativen und -organisationen in Ihrer Stadt oder Gemeinde. Die Wahrscheinlichkeit ist groß, dass dort engagierte Bürgerinnen und Bürger versammelt sind, die im Kontakt mit örtlichen Unternehmen und Behörden stehen und bereit sind zu helfen.

Gute Gründe zur Hoffnung

Vielleicht befürchten Sie nach der Lektüre dieses Buchs, dass unsere Zivilisation niemals in der Lage sein wird, sich von der erdrückenden Last all des Plastikmülls zu befreien. Ja, es gibt viele Gründe, sich erdrückt zu fühlen, doch es gibt auch viele Gründe, Hoffnung zu schöpfen. Erfolgsgeschichten auf anderen ökologischen Feldern zeigen jedoch, dass gemeinschaftliches Handeln ungeheure Kräfte entfalten kann. Hier eine kleine Auswahl.

Rückkehr der Buckelwale

Im 19. und 20. Jahrhundert wurde der Buckelwal fast bis zur Ausrottung gejagt.

Inzwischen haben sich die Populationen erholt und erreichen Rekordniveau. Dieses Comeback ist größtenteils auf weltweite Initiativen zur Beendigung des Walfangs zurückzuführen. So verabschiedete die Internationale Walfang-Kommission 1982 ein Moratorium, das den kommerziellen Fang von Großwalen verbot. Es trat 1986 in Kraft und gilt bis heute.

Kampf gegen die Luftverschmutzung

Im Jahr 2010 wurde die Luftverschmutzung in China für mehr als 1,2 Millionen vorzeitige Todesfälle verantwortlich gemacht. Seitdem die chinesische Regierung 2013 den »Krieg gegen die Luftverschmutzung« ausgerufen hat, konnte die Feinstaubkonzentration in den Städten und ländlichen Regionen Chinas um 32 Prozent gesenkt werden, was das Leben der Bürgerinnen und Bürger erheblich verbesserte. Diese Veränderung ist das Ergebnis einer strengen und konsequenten Regulierung.

Regeneration der Ozonschicht

Das Loch in unserer Ozonschicht wurde 1985 entdeckt. Als Ozonschicht wird eine Luftschicht in rund 15 bis 50 Kilometern Höhe bezeichnet, die uns vor der UV-Strahlung der Sonne schützt. Forschende fanden heraus, dass die starke Ausdünnung dieser Schicht durch bestimmte von der Industrie produzierte Chemikalien verursacht wurde, insbesondere durch Fluorchlorkohlenwasserstoffe (FCKW), die vor allem als Treibgas, z. B. in Spraydosen für Haarfestiger und Schlagsahne, eingesetzt wurden.

Im Jahr 1987 brachte die Staatengemeinschaft das Montrealer Abkommen auf den Weg, einen Vertrag, der den Ausstieg aus der FCKW-Produktion einleitete und von allen 197 Mitgliedsländern der Vereinten Nationen unterzeichnet wurde. Heute ist das Ozonloch stark geschrumpft, und 2060 wird es sich voraussichtlich vollständig geschlossen haben.

Fridays for Future

Seit August 2018 rufen Jugendliche überall auf der Welt zu Schulstreiks und Demonstrationen auf und fordern von den politischen Entscheidungsträgern, Maßnahmen gegen den Klimawandel zu ergreifen. Die von Greta Thunberg gegründete Bewegung, die mit dem Protest der damals 15-Jährigen am 20. August 2018 vor dem schwedischen Reichstag ihren Anfang nahm, wird inzwischen von einer Vielzahl engagierter Jugendlicher in über 150 Ländern angeführt. An einem einzigen Tag nahmen weltweit mehr als vier Millionen Menschen an den Fridays-for-Future-Demonstrationen teil. Diese inspirierende Bewegung wächst und übt weiter Druck auf Regierungen und Unternehmen aus, um die Menschheit vor der Klimakatastrophe zu schützen.

Die Klimaaktivistin Greta Thunberg am 1. Februar 2019 vor dem Reichstag in Stockholm mit ihrer berühmten Parole, »Skolstrejk för klimatet« – übersetzt »Schulstreik für das Klima«.

Ihr neuer Plastik-Fußabdruck

Sie haben nun ein besseres Verständnis von den Auswirkungen, die Plastik in jedem Stadium seines Lebenszyklus hat, und Sie wissen auch, wie die Entscheidungen, die Sie tagtäglich treffen, im Lauf der Zeit zu einer großen Menge an Plastikmüll führen können. Mit diesem Wissen ausgerüstet, können Sie beginnen, an Ihrem Plastik-Fußabdruck zu arbeiten. Überlegen Sie zunächst, welche Veränderungen Sie vornehmen wollen, um Ihren Anteil am Plastikmüll zu reduzieren. Planung ist ein wichtiger erster Schritt, doch weil es schwierig sein kann, sich an Pläne zu halten, finden Sie hier einige Tipps, die Ihnen dabei helfen, Ihre Ziele zu erreichen.

Fangen Sie einfach an

Versuchen Sie nicht, einen möglichst perfekten Plan auszuarbeiten, sondern fangen Sie einfach an. Ist Ihnen schon einmal aufgefallen, dass eine Aufgabe, mit der Sie begonnen haben, Sie gedanklich so lange beschäftigt, bis Sie sie abgeschlossen haben? Das ist der sogenannte Zeigarnik-Effekt: Wir erinnern uns eher an nicht beendete Aufgaben als an erledigte. Dieses psychologische Phänomen können Sie sich zunutze machen, indem Sie einfach anfangen. Das gibt Ihnen die Motivation, weiter an Ihrer Strategie zur Reduzierung Ihres Plastikverbrauchs zu arbeiten, bis Sie Ihr Ziel erreicht zu haben glauben.

Machen Sie ein Spiel daraus

Wenn es um langfristige Verhaltensänderungen geht, ist Spielen einer der stärksten Motivationsfaktoren. Es ist nun einmal viel wahrscheinlicher, dass wir uns an einer Aktivität beteiligen, wenn sie uns Spaß macht. Sorgen Sie also für den Spaßfaktor, wenn Sie Ihre Plastikvermeidungsziele erreichen wollen. Machen Sie beispielsweise einen Ausflug zu Ihrem Lieblingsstrand, und sammeln Sie, bevor Sie baden gehen, den herumliegenden Plastikmüll auf. Notieren Sie sich, wie viel Plastikabfall Sie in dieser Woche produziert haben, und versuchen Sie, diesen Wert in der folgenden Woche zu unterbieten. Oder besuchen Sie zusammen mit Ihrer besten Freundin einen Nähkurs, um zu lernen, wie Sie die Lebensdauer Ihrer Lieblingsjeans und -shirts verlängern können.

Müllsammelaktionen im Familien- und Freundeskreis sind eine gute Möglichkeit, die Gewässer und Ökosysteme in der Region, in der man lebt, zu schützen.

Rechnen Sie mit Schwierigkeiten

Positives Denken ist wichtig, aber genauso wichtig ist es, Herausforderungen und Hindernisse zu berücksichtigen, die dem Erfolg im Weg stehen könnten, wie das folgende Beispiel zeigt: In einer Studie mit 210 Teilnehmerinnen,

Auch kleine Maßnahmen wie das Mitnehmen eines wiederverwendbaren Bechers und einer Einkaufstasche aus Stoff ersparen der Umwelt im Lauf der Zeit eine Menge Plastik.

die sich das Rauchen abgewöhnen wollten, sollte ein Teil der Frauen sich ausschließlich ihren Erfolg vorstellen, während eine zweite Gruppe von Teilnehmerinnen aufgefordert wurde, sich zu überlegen, mit welchen Hindernissen sie konfrontiert sein und wie sie diese überwinden könnten. In der zweiten Gruppe schafften es mehr Frauen, mit dem Rauchen aufzuhören, als in der ersten.

Sie können diese Taktik, die »mentales Kontrastieren« genannt wird, auch auf Ihre Plastiksparziele anwenden. Was werden Sie z. B. tun, wenn Sie unterwegs feststellen, dass Sie Ihren Kaffeebecher zu Hause vergessen haben? Wie sieht Ihr Plan aus, wenn man Ihnen bei der Imbissbestellung ungefragt Plastikbesteck mit einpackt?

Profitieren Sie vom Gruppendruck

Manchmal kann ein wenig sozialer Druck eine gute Sache sein. Suchen Sie sich eine Mitstreiterin oder einen Kollegen, die oder der Ihre ökologischen Ziele teilt, und nehmen Sie die Herausforderung gemeinsam an, indem Sie sich gegenseitig anspornen.

Nicht vergessen: Jedes Stück Plastik zählt

Sie werden Ihren Plastik-Fußabdruck nicht von heute auf morgen Richtung null bringen können – das wird Zeit brauchen. Doch jedes Mal, wenn Sie sich entscheiden, auf Einwegplastik zu verzichten, landet ein bisschen weniger Plastik auf einer Mülldeponie. Und jedes Stück Plastik, das Sie am Strand aufsammeln, gelangt nicht ins Meer und kann dort keinem Lebewesen Schaden zufügen. Es wird Phasen geben, in denen Sie Ihr Ideal eines möglichst plastikmüllfreien Lebensstils nicht so verwirklichen können, wie Sie möchten. Seien Sie nachsichtig mit sich. Zu oft lassen wir uns schon durch wenige Fehlschläge von unseren Zielen abbringen. Denken Sie daran: Wenn jeder sich, wie unvollkommen auch immer, bemüht, seinen Beitrag zur Verringerung des Plastikmülls zu leisten, ist das wirkungsvoller als eine Handvoll Menschen, die ihr Plastikmüllproblem perfekt lösen.

Bitte teilen Sie dieses Buch mit anderen

Vielen Dank, dass Sie *Raus aus der Plastikfalle!* gelesen haben. Ich hoffe, es hat Ihnen zusätzliches Wissen und Strategien zur Verkleinerung Ihres Plastik-Fußabdrucks vermittelt. Wenn Sie dieses Buch hilfreich fanden, empfehlen Sie es bitte weiter, oder geben Sie es Ihren Freundinnen und Freunden. Je mehr Menschen über das Plastikmüllproblem und Wege zu seiner Bekämpfung informiert sind, desto besser.

Literatur

Einleitung

- https://de.statista.com/themen/4645/plastikmuell/
- Jambeck, J. R., Geyer, R., Wilcox, C., Siegler, T. R., Perryman, M., Andrady, A., Narayan, R., & Law, L. R. (2015). *Plastic waste inputs from land into the ocean.* Science, 347(6223), 768–771. https://science.sciencemag.org/content/347/6223/768

Kapitel 1 – Plastik-Einmaleins

- Anderson, D. W., Gress, F., & Fry, D. M. (1996). *Survival and dispersal of oiled brown pelicans after rehabilitation and release.* Marine Pollution Bulletin, 32(10), 711–718. https://www.sciencedirect.com/science/article/abs/pii/0025326X96000276
- Center for International Environmental Law. (2019). *Plastic & climate: The hidden costs of a plastic planet.* https://www.ciel.org/plasticandclimate/
- Chang, S. E., Stone, J., Demes, K., & Piscitelli, M. (2014). *Consequences of oil spills: A review and framework for informing planning.* Ecology and Society, 19(2), 26. https://www.ecologyandsociety.org/vol19/iss2/art26/
- Geyer, R., Jambeck, J. R., & Law, K. L. (2017). *Production, use, and fate of all plastics ever made.* Science Advances, 3(7), e1700782. https://advances.sciencemag.org/content/3/7/e1700782.full
- Horan, T. S., Pulcastro, H., Lawson, C., Gerona, R., Martin, S. Gieske, M. C., Sartain, C. V., & Hunt, P. A. (2018). *Replacement bisphenols adversely affect mouse gametogenesis with consequences for subsequent generations.* Cell, 28(18), 2948–2954. https://www.cell.com/current-biology/fulltext/S0960-9822(18)30861-3
- Howarth, R. (2019). *Ideas and perspectives: Is shale gas a major driver of recent increase in global atmospheric methane?* Biogeosciences, 16(15), 3033–3046. https://www.biogeosciences.net/16/3033/2019/
- Nuka Research and Planning Group, LLC. (2015). *Technical analysis of oil spill response capabilities and limitations for trans mountain expansion project.* https://vancouver.ca/images/web/pipeline/NUKA-oil-spill-response-capabilities-and-limitations.pdf

Kapitel 2 – Das Plastik-Problem

- Brahney, J., Hallerud, M., Heim, E., Hahnenberger, M., & Sukumaran, S. (2020). *Plastic rain in protected areas of the United States.* Science, 368(6496), 1257–1260. https://science.sciencemag.org/content/368/6496/1257
- Brophy, J. T., Keith, M. M., Watterson, A., Park, R., Gilbertson, M., Maticka-Tyndale, E., Beck, M., Abu-Zahra, H., Schneider, K., Reinhartz, A., DeMatteo, R., & Luginaah, I. (2012). *Breast cancer risk in relation to occupations with exposure to carcinogens and endocrine disruptors: A Canadian case-control study.* Environmental Health, 11(87). https://ehjournal.biomedcentral.com/articles/10.1186/1476-069X-11-87
- Choy, C. A., Robinson, B. H., Gagne, T. O., Erwin, B., Firl, E., Halden, R. U., Hamilton, J. A., Katija, K., Lisin, S. E., Rolsky, C., & Van Houtan, K. S. (2019). *The vertical distribution and biological transport of marine microplastics across the epipelagic and mesopelagic water column.* Scientific Reports, 9(7843). https://www.nature.com/articles/s41598-019-44117-2
- GESAMP. (2015). *Sources, fate and effects of microplastics in the marine environment: a global assessment.* London: International Maritime Organization. http://www.gesamp.org/site/assets/files/1275/sources-fate-and-effects-of-microplastics-in-the-marine-environment-part-2-of-a-global-assessment-en.pdf
- Gestoso, I., Cacabelos, E., Ramalhosa, P., & Canning-Clode, J. (2019). *Plasticrusts: A new potential threat in the Anthropocene's rocky shores.* Science of the Total Environment, 687, 413–415. https://doi.org/10.1016/j.scitotenv.2019.06.123
- Geyer, R., Jambeck, J. R., & Law, K. L. (2017). *Production, use, and fate of all plastics ever made.* Science Advances, 3(7), e1700782. https://advances.sciencemag.org/content/3/7/e1700782.full
- Gordon, D., Brandt, A., Bergerson, J., & Koomey, J. (2015). *Know your oil: Creating a global oil-climate index.* Washington: Carnegie Endowment for International Peace. https://carnegieendowment.

org/2015/03/11/know-your-oil-creating-global-oil-climate-index-pub-59285

■ Gove, J. M., Whitney, J. L., McManus, M. A., Lecky, J., Carvalho, F. C., Lynch, J. M., Li, J., Neubauer, P., Smith, K. A., Phipps, J. E., Kobayashi, D. R., Balagso, K. B., Contreras, E. A., Manuel, M. E., Merrifield, M. A., Polovina, J. J., Asner, G. P., Maynard, J. A., & Williams, G. J. (2019). *Prey-size plastics are invading larval fish nurseries*. PNAS, 116(48), 24143–24149. https://www.pnas.org/content/116/48/24143

■ Gustavsson, J., Cederberg, C., & Sonesson, U. (2011). *Global food losses and food waste*. Rome: Food and Agriculture Organization of the United Nations. http://www.fao.org/3/a-i2697e.pdf

■ Jamieson, A. J., Brooks, L. S. R., Reid, W. D. K., Piertney, S. B., Narayanaswamy, B. E., & Linley, T. D. (2019). *Microplastics and synthetic particles ingested by deep-sea amphipods in six of the deepest marine ecosystems on Earth*. Royal Society Open Science, 6(2). https://royalsocietypublishing.org/doi/pdf/10.1098/rsos.180667

■ Lavers, J. L., Dicks, L., Dicks, M. R., & Finger, A. (2019). *Significant plastic accumulation on the Cocos (Keeling) Islands, Australia*. Scientific Reports, 9(7102). https://doi.org/10.1038/s41598-019-43375-4

■ Lebreton, L., Slat, B., Ferrari, F., Sainte-Rose, B., Aitken, J., Marthouse, R., Hajbane, S., Cunsolo, S., Schwarz, A., Levivier, A., Noble, K., Debeljak, P., Maral, H., Schoeneich-Argent, R., Brambini, R., & Reisser, J. (2018). *Evidence that the Great Pacific Garbage Patch is rapidly accumulating plastic*. Scientific Reports, 8(1). https://www.nature.com/articles/s41598-018-22939-w

■ Masson-Delmotte, V., Zhai, P., Pörtner, H. O., Roberts, D., Skea, J., Shukla, P. R., Pirani, A., Moufouma-Okia, W., Péan, C., Pidcock, R., Connors, S., Matthews, J. B. R., Chen, Y., Zhou, X., Gomis, M. I., Lonnoy, E., Maycock, T., Tignor, M., & Waterfield, T. (2018). *Global warming of 1.5°C. An IPCC Special Report on the impacts of global warming of 1.5°C above pre-industrial levels and related global greenhouse gas emission pathways, in the context of strengthening the global response to the threat of climate change, sustainable development, and efforts to eradicate poverty*. IPCC. https://www.ipcc.ch/sr15/

■ Savoca, M. S., Wohlfeil, M. E., Ebeler, S. E., & Nevitt, G. A. (2016). *Marine plastic debris emits a keystone infochemical for olfactory foraging seabirds*. Science Advances, 2(11). https://advances.science-mag.org/content/2/11/e1600395

■ Shen, M., Ye, S., Zeng, G., Zhang, G., Xing, L., Tang, W., Wen, X., & Liu, S. (2020). *Can microplastics pose a threat to ocean carbon sequestration?* Marine Pollution Bulletin, 150, 110712. https://www.sciencedirect.com/science/article/pii/S0025326X19308689

■ Wilcox, C., Puckridge, M., Schuyler, Q. A., Townsend, K., & Hardesty, B. D. (2018). *A quantitative analysis linking sea turtle mortality and plastic debris ingestion*. Scientific Reports, 8(12536). https://www.nature.com/articles/s41598-018-30038-z

■ Wilcox, C., Van Sebille, E., & Hardesty, B. D. (2015). *Threat of plastic pollution to seabirds is global, pervasive, and increasing*. PNAS, 113(4). https://www.pnas.org/content/113/4/E491

■ Zheng, J., & Suh, S. (2019). *Strategies to reduce the global carbon footprint of plastics*. Nature Climate Change, 9, 374–378. https://www.polybags.co.uk/environmentally-friendly/strategies-to-reduce-the-global-carbon-footprint-of-plastics.pdf

Kapitel 3 – Das Plastik-Problem lösen

■ International Coastal Cleanup & Ocean Conservancy. (2019). *The beach and beyond: 2019 report. Washington: Ocean Conservancy*. https://oceanconservancy.org/wp-content/uploads/2019/09/Final-2019-ICC-Report.pdf

■ McKeown, P., Román-Ramírez, L. A., Bates, S., Wood, J., & Jones, M. D. (2019). *Zinc complexes for PLA formation and chemical recycling: Towards a circular economy*. ChemSusChem, 12(24), 5233–5238. https://chemistry-europe.onlinelibrary.wiley.com/doi/abs/10.1002/cssc.201902755

■ Napper, I. E., & Thompson, R. C. (2019). *Environmental deterioration of biodegradable, oxo-biodegradable, compostable, and conventional plastic carrier bags in the sea, soil, and open-air over a 3-year period*. Environmental Science and Technology, 53(9), 4775–4783. https://pubs.acs.org/doi/10.1021/acs.est.8b06984

■ Thomas, K., Dorey, C., & Obaidullah, F. (2019). *Ghost gear: The abandoned fishing nets haunting our oceans*. Hamburg: Greenpeace Germany. https://storage.googleapis.com/planet4-international-stateless/2019/11/8f290a4f-ghostgearfishingreport2019_greenpeace.pdf

■ Tournier, V., Topham, C. M., Gilles, A., David, B., Folgoas, C., Moya-Leclair, E., Kamionka, E., Desrousseaux, M. L., Texier, H., Gavalda, S., Cot, M., Guémard, E., Dalibey, M., Nomme, J., Cioci, G., Barbe, S., Chateau, M., André, I., Duquesne, S., & Marty, A. (2020). *An engineered PET depolymerase to break down and recycle plastic bottles*. Nature,

580, 216–219 https://doi.org/10.1038/s41586-020-2149-4

■ United Nations Environment Programme. (2015) *Global waste management outlook.* UNEP. https://wedocs.unep.org/bitstream/handle/20.500.11822/9672/-Global_Waste_Management_Outlook-2015Global_Waste_Management_Outlook.pdf.pdf?sequence=3&amp%3BisAllowed=

■ United Nations Environment Programme. (2018). *Single-use plastics: A roadmap for sustainability.* UNEP. https://wedocs.unep.org/bitstream/handle/20.500.11822/25496/singleUsePlastic_sustainability.pdf

■ Winterich, K. P., Nenkov, G. Y., & Gonzales, G. E. (2019). *Knowing what it makes: How product transformation salience increases recycling.* Journal of Marketing, 83(4), 21–37.

■ World Economic Forum, Ellen MacArthur Foundation, and McKinsey & Company. (2016). *The new plastics economy: Rethinking the future of plastics.* Ellen MacArthur Foundation. http://www.ellenmacarthurfoundation.org/publications

■ Yoshida, S., Hiraga, K., Takehana, T., Taniguchi, I., Yamaji, H., Maeda, Y., Toyohara, K., Miyamoto, K., Kimura, Y., & Oda, K. (2016). *A bacterium that degrades and assimilates poly(ethylene terephthalate).* Science, 351(6278), 1196–1199. https://science.sciencemag.org/content/351/6278/1196

■ https://www.umweltbundesamt.de/biobasierte-biologisch-abbaubare-kunststoffe#12-woraus-bestehen-biobasierte-und-biologisch-abbaubare-kunststoffe

■ https://www.eu-schwerbehinderung.eu/index.php/politik/676-beitrag-20180911-01

■ https://www.nports.de/media/hafenplus/Projekte/Seabin/NPorts-SEABIN-Broschuere.pdf

■ https://www.stiftung-meeresschutz.org/themen/meeresverschmutzung/the-ocean-cleanup/

Kapitel 4 – Langfristig genutztes Plastik

■ de Saxcé, M., Pesnel, S., & Perwuelz, A. (2012). *LCA of bed sheets - Some relevant parameters for lifetime assessment.* Journal of Cleaner Production, 37, 221–228. https://www.researchgate.net/publication/271616071_LCA_of_bed_sheets_-_Some_relevant_parameters_for_lifetime_assessment

■ Dauch, C., Imwalle, M., Ocasio, B., & Metz, A. (2017). *The influence of the number of toys in the environment on toddlers play.* Infant Behavior and Development, 50, 78–87. https://www.researchgate.net/publication/321340499_The_influence_of_the_number_of_toys_in_the_environment_on_toddlers'_play

■ Masili, M., & Ventura, L. (2016). *Equivalence between solar irradiance and solar simulators in aging tests of sunglasses.* BioMedical Engineering OnLine, 15, 86. https://biomedical-engineering-online.biomedcentral.com/articles/10.1186/s12938-016-0209-7

■ Napper, I. E., & Thompson, R. C. (2016). *Release of synthetic microplastic plastic fibres from domestic washing machines: Effects of fabric type and washing conditions.* Marine Pollution Bulletin, 112(1), 39–45. https://www.researchgate.net/publication/308736592_Release_of_synthetic_microplastic_plastic_fibres_from_domestic_washing_machines_Effects_of_fabric_type_and_washing_conditions

■ The Platform for Accelerating the Circular Economy (PACE). (2019). *A new circular vison for electronics: Time for a global reboot.* Geneva: World Economic Forum. http://www3.weforum.org/docs/WEF_A_New_Circular_Vision_for_Electronics.pdf

■ Prakash, S., Liu, R., Schischke, K., & Stobbe, L. (2012). *Timely replacement of a notebook under consideration of environmental aspects.* Umweltbundesamt, 45. https://www.umweltbundesamt.de/en/publikationen/timely-replacement-of-a-notebook-under

■ https://eur-lex.europa.eu/legal-content/DE/TXT/?uri=CELEX:32000L0053

■ https://de.wikipedia.org/wiki/Soybean_Car

■ https://de.statista.com/statistik/daten/studie/792541/umfrage/erzeugung-von-elektroschrott-weltweit/

■ https://idahopotatomuseum.com/mr-potato-head/

■ https://www.lacke-und-farben.de/magazin/zu-hause/buntes-holzspielzeug-besser-fuer-mein-kind

■ https://www.oekoplus.com/ratgeber/sichere-farben-fuer-spielzeuge/

■ https://www.rnd.de/panorama/kunftig-kein-plastikspielzeug-mehr-in-kindermenus-von-mcdonalds-und-burger-king-SMSIRU6BHRCJISA3JHECYMDQJQ.html

■ https://www.europarl.europa.eu/news/de/headlines/society/20201208STO93327/umweltauswirkungen-von-textilproduktion-und-abfallen-infografik

■ https://www.quarks.de/umwelt/kleidung-so-macht-sie-unsere-umwelt-kaputt/

■ *»Bei Mode schaltet der Verstand aus«* – WELT.html http://www.welt.de/print/welt_kompakt/print_wirtschaft/article202681688/Bei-Mode-schaltet-der-Verstand-aus

■ https://www.umweltbundesamt.at/fileadmin/site/publikationen/rep0773.pdf

Kapitel 5 – Einwegplastik und kurzzeitig genutztes Plastik

■ Ahmed, S., & Gotoh, K. (2005). *Impact of banning polythene bags on floods of Dhaka City by applying CVM and remote sensing.* DOI: 10.1109/IGARSS.2005.1525403

■ Alliance for Environmental Innovation. (2000). *Report of the Starbucks Coffee Company/ Alliance for Environmental Innovation Joint Task Force.* Boston: Alliance for Environmental Innovation. https://greeninitiatives.cn/pdfdoc/report/report_31_10_2016_1477910390468.pdf

■ Damgaard, A., Bisinella, V., Albizzati, P., & Astrup, T. (2018). *Life Cycle Assessment of grocery carrier bags. The Danish Environmental Protection Agency.* Copenhagen: The Danish Environmental Protection Agency. https://www.researchgate.net/publication/326735612_Life_Cycle_Assessment_of_grocery_carrier_bags

■ Heard, B. R., Bandekar, M., Vassar, B., & Miller, S. A. (2019). *Comparison of life cycle environmental impacts from meal kits and grocery store meals.* Resources, Conservation and Recycling, 147, 189–200. https://www.sciencedirect.com/science/article/abs/pii/S0921344919301703?via%3Dihub

■ Hernandez, L. M., Xu, E. G., Larsson, H. C. E., Tahara, R., Maisuria, V. B., & Tufenkji, N. (2019). *Plastic teabags release billions of microparticles and nanoparticles into tea.* Environmental Science & Technology, 53(21), 12300–12310. https://pubs.acs.org/doi/abs/10.1021/acs.est.9b02540

■ Kampf, G., Todt, D., Pfaender, S., & Steinmann, E. (2020). *Persistence of coronaviruses on inanimate surfaces and their inactivation with biocidal agents.* The Journal of Hospital Infection, 104(3), 246–251.

■ Kögela, T., Bjorøy, Ø., Toto, B., Bienfait, A. M., & Sandena, M. (2020). *Micro- and nanoplastic toxicity on aquatic life: Determining factors.* Science of The Total Environment, 709, 136050. https://www.sciencedirect.com/science/article/pii/S0048969719360462

■ Lusher, A. L., McHugh, M., & Thompson, R. C. (2013). *Occurrence of microplastics in the gastrointestinal tract of pelagic and demersal fish from the English Channel.* Marine Pollution Bulletin, 67(1–2), 94–99. https://www.sciencedirect.com/science/article/abs/pii/S0025326X12005668

■ McVeigh, K. (2020, March 27). *Rightwing think-tanks use fear of Covid-19 to fight bans on plastic bags.* The Guardian. Retrieved June 8, 2020 from https://www.theguardian.com/environment/2020/mar/27/rightwing-thinktanks-use-fear-of-covid-19-to-fight-bans-on-plastic-bags

■ Omar, H. A., Aggarwal, S., & Perkins, K. C. (1998). *Tampon use in young women.* Journal of Pediatric and Adolescent Gynecology, 11(3), 143–146. https://www.sciencedirect.com/science/article/abs/pii/S1083318898701342

■ Schmid, A. G., Mendoza, J. M. F., & Adisa, A. (2018). *Environmental impacts of takeaway food containers.* Journal of Cleaner Production, 211, 417–427. https://www.researchgate.net/publication/329166723_Environmental_impacts_of_takeaway_food_containers

■ Schwab, K. (2018). *For online retailers, packaging is all about economics.* Marketplace. https://www.marketplace.org/2018/03/06/online-retailers-packaging-all-about-economics/

■ Senathirajah, K., & Palanismai, T. (2019). *How much microplastics are we ingesting?: Estimation of the mass of microplastics ingested.* University of Newcastle Australia News website. https://www.newcastle.edu.au/newsroom/featured/plastic-ingestion-by-people-could-be-equating-to-a-credit-card-a-week/how-much-microplastics-are-we-ingesting-estimation-of-the-mass-of-microplastics-ingested

■ Sharma, A., Sankhla, B., Parkar, S. M., Hongal, S., Thanveer, K., & Ajithkrishnan, C.G. (2014) *Effect of traditionally used neem and babool chewing stick (datun) on streptococcus mutans: An in-vitro study.* Journal of Clinical & Diagnostic Research, 8(7): ZC15-ZC17. https://www.ncbi.nlm.nih.gov/pmc/articles/PMC4149135/

■ Tolbert, M., & Koscielak, K. (2018). *HSU straw analysis.* Project for ENGR308, Humboldt State University Sustainability Office. https://www.appropedia.org/HSU_straw_analysis

■ Van Cauwenberghe, L., & Janssen, C. R. (2014). *Microplastics in bivalves cultured for human consumption.* Environmental Pollution, 193, 65–70. https://www.expeditionmed.eu/fr/wp-content/uploads/2015/02/Van-Cauwenberghe-2014-microplastics-in-cultured-shellfish1.pdf

■ van Doremalen, N., Bushmaker, T., Morris, D.H., Holbrook, M.G., Gamble, A., Williamson, B.N., Tamin, A., Harcourt, J.L., Thornburg, N.J., Gerber, S.I., Lloyd-Smith, J.O., de Wit, E., & Munster, V.J. (2020). *Aerosol and Surface Stability of SARS-CoV-2 as Compared with SARS-CoV-1.* New England Journal of Medicine. https://www.nejm.org/doi/10.1056/NEJMc2004973

■ Weideli, D. (2013). *Environmental analysis of U.S. online shopping.* Cambridge: MIT Center for Trans-

portation and Logistics. https://ctl.mit.edu/sites/
default/files/library/public/Dimitri-Weideli-
Environmental-Analysis-of-US-Online-Shopping_
0.pdf

■ https://de.statista.com/statistik/daten/studie/
666805/umfrage/umfrage-zur-durchschnittlich-
getrunkenen-menge-kaffee-pro-tag-in-deutschland/

■ https://de. Statista.com/statistik/daten/studie/
666805/umfrage/ umfrage-zur-durchschnittlich-
getrunkenen-menge-kaffee-pro-tag-in-deutschland/

Kapitel 6 – Den Plastik-Fußabdruck verkleinern

■ Oettingen, G., Mayer, D., & Thorpe, J. (2010) *Self-
regulation of commitment to reduce cigarette
consumption: Mental contrasting of future with
reality.* Psychology & Health, 25(8), 961–977.
https://www.tandfonline.com/doi/abs/10.1080/
08870440903079448

■ https://www.deutschlandfunk.de/moratorium-wal-
fang-100.html

■ https://www.welt.de/wissenschaft/article88104/
Das-Walfang-Moratorium.html

Weitere Quellen

Engagiert euch!

The Great Nurdle Hunt: https://www.nurdlehunt.org.uk/

Loop: https://loopstore.com/

Ocean Conservancy International Coastal Cleanup: https://oceanconservancy.org/trash-free-seas/international-coastal-cleanup/

Precious Plastic (an alternative plastic recycling system): https://preciousplastic.com/

Noch mehr Input:

Ellen MacArthur Foundation: https://www.ellenmacarthurfoundation.org/

Global Ghost Gear Initiative: https://www.ghostgear.org/

Mr. Trash Wheel and the Waterfront Partnership of Baltimore's Healthy Harbor Initiative: https://www.mrtrashwheel.com/

National Geographic Environment — Planet or Plastic?: https://www.nationalgeographic.com/environment/planetorplastic/

The Ocean Cleanup: https://theoceancleanup.com/

Plastic Oceans International: https://plasticoceans.org/

The Rochman Lab at the University of Toronto: https://rochmanlab.com/

Dank

Dieses Buch wurde in den traditionellen Stammesgebieten vieler Völker geschrieben, unter anderem auf den Territorien der Mississaugas of the Credit, der Anishnabeg, der Chippewa, der Haudenosaunee und der Wendat-Völker.

Seine Fertigstellung kurz nach der Geburt unseres Babys wäre nicht möglich gewesen ohne meinen Mann Fahim Kakar, meine Eltern Lucy Groszek-Salt und Robert Salt und meine Lektorin Julie Takasaki. Für ihre Unterstützung bin ich ihnen auf ewig dankbar. Außerdem möchte ich Hartley Millson für das Layout und Ronnie Shuker für die sorgfältige Redaktion danken.

Bildnachweis

Register

© Firefly Books Ltd, 2020
Text © 2020 Rachel Salt
Die englische Originalausgabe mit dem Titel
Your Plastic Footprint erschien 2020 bei Firefly
Books Ltd

Bibliografische Information der Deutschen
Nationalbibliothek
Die Deutsche Nationalbibliothek verzeichnet
diese Publikation in der Deutschen National-
bibliografie; detaillierte bibliografische Daten sind
im Internet über http://dnb.dnb.de abrufbar.

1. Auflage
ISBN 978-3-667-12654-2
Die Rechte für die deutsche Ausgabe liegen beim
Verlag Delius Klasing GmbH

Aus dem Englischen von Jutta Orth und
Dörte Fuchs
Lektorat: Birgit Radebold
Coverfoto: Khadi Ganiev/Getty Images
Titelrückseite, von oben nach unten:
pim pic, John Gomez, Inside Creative House,
National Oceanic and Atmospheric
Administration (NOAA)
Illustrationen auf den Seiten 13, 20, 21, 23, 27, 30,
31, 34, 37, 38, 50, 63, 107: George A. Walker
Umschlaggestaltung und Satz: Jörg Weusthoff,
Weusthoff & Reiche Design, Hamburg
Grafische Gestaltung: Hartley Millson
Printed in Germany 2023

Delius Klasing Verlag GmbH, Siekerwall 21,
D - 33602 Bielefeld
Tel.: 0521/559-0, Fax: 0521/559-115
E-Mail: info@delius-klasing.de
www.delius-klasing.de

In diesem Buch wird nicht gegendert. Dennoch
sind natürlich in jedem Fall und immer sämtliche
Personen, ob männlich, weiblich oder divers,
gemeint.

Bei diesem Buch wurden die durch das verwendete Material und die Produktion entstandenen
CO_2-Emissionen ausgeglichen, indem der Delius
Klasing Verlag das Projekt Klimaschutz mit
plastikfreien Ozeanen in Kombination mit dem
Gold Standard-Klimaschutzprojekt eines Wind-
parks auf den Philippinen unterstützt.
Weitere Informationen zu dem Projekt unter:
www.ClimatePartner.com/ /de/plastikfreie-
ozeane sowie www.climatepartner.com/1091
Mit diesen Projekten liefern wir einen Beitrag zu
14 der 17 UN-Nachhaltigkeitsziele.

Das Buch wurde nach höchsten Ansprüchen an
Nachhaltigkeit und Ökologie produziert und wir
optimieren ständig weiter:
– Papiere sind FSC® zertifiziert
– Druckfarben und Lacke auf Pflanzenölbasis
– Druckplattenbelichtung komplett chemiefrei
– Klebstoffe lösungsmittelfrei
– 100 % Ökostrom bei Druck und Bindung
– Müllvermeidung und Recycling bei der
  Produktion
– Kurze Wege, gedruckt in Deutschland
– Verzicht auf Plastikfolie
– Druck- und Inhaltspapier haben eine ‚
  Cradle-2-Cradle-Zertifizierung und ent-
  sprechend somit den C2C-Vorgaben